湛庐CHEERS

与最聪明的人共同进化

HERE COMES EVERYBODY

brain rules for BABY

让孩子的大脑自由

[美] 约翰·梅迪纳（John Medina）著　王佳艺 译

浙江科学技术出版社·杭州

测一测

你知道如何提升孩子的大脑发育水平吗？

扫码加入书架
领取阅读激励

扫码获取全部测试题及答案，
一起了解如何利用脑科学
养育孩子

- 小明在下楼梯的时候不小心跌倒了，怀里的书撒了一地，爸爸看见后立马对小明大吼大叫，小明的爸爸忽视了孩子的：

  A. 成就感

  B. 责任感

  C. 荣誉感

  D. 安全感

- 小明每天都要折腾到很晚才去睡觉，这在很大程度因为他的父母每晚都说：“快给我睡觉去，马上关灯了。”但从不真的关灯。这告诉我们：

  A. 孩子没明白睡觉和关灯的关系

  B. 父母应制定并执行清晰一致的规则

  C. 应严惩服从性差的孩子

  D. 应让不爱睡觉的孩子尽情玩耍

- 以下那种类型的父母更能培养出幸福感满满的孩子？

  A. 高响应高要求的父母

  B. 高响应低要求的父母

  C. 低响应高要求的父母

  D. 低响应低要求的父母

扫描左侧二维码查看本书更多测试题

破解花钱又没用的教学迷思

我经常给一些等待孩子降生的父母开讲座，和他们聊一聊胎儿的大脑是如何发育的。我本以为父母感兴趣的是诸如有关神经嵴生物学和轴突迁移方面的科学知识，但他们可不这么想，而且大多数听众提出的问题出奇相似。

就拿西雅图的一次讲座来说吧，听众问的第一个问题是："肚子里的孩子能够学些什么呢？"另一位女士随即问道："孩子出生后，我和丈夫的婚姻生活会受到哪些影响？"一位男士用比较严肃的口吻提出了第三个问题："我要怎么做才能让孩子长大以后考上哈佛大学？"接着，一位母亲焦虑地问道："我怎么能够确定孩子今后会幸福？"而第五个问题是由一位非常高贵的老妇人提出的，她问："我要怎么做才能让外孙学好？"因女儿吸毒成瘾，所以她不得不担负起抚养外孙的责任，并希望孩子未来能够避免重蹈覆辙。

无论我怎样努力把话题引向深奥的神经分化过程，但是父母们还是不依不饶地向我提出上述那些问题，只不过内容略有不同罢了。最终，我意识到自己错了，错就错在本希望将他们引入象牙塔，而他们只想得到像“象牙香皂”那样实用的大众消费品。所以，我在这本书里不会讲后脑发育过程中基因如何调控，而是回应读者们所关心的现实问题。

我所说的“大脑规则”是指那些我们确知的，有关胎儿和婴幼儿大脑如何工作的事实，其中每一条规则都是根据行为心理学、细胞生物学和分子生物学的大量科研成果得出的。这些规则能够帮助那些没有经验的父母照看好他们娇嫩的小宝贝。

我当然知道这些问题需要有人来回答。初为父母，就像是品尝了一口醉人的烈酒，有苦也有乐，可是没人会告诉你喝完酒之后会发生什么，只有靠你自己慢慢体会。对此我深有感触，因为我有两个不让人省心的儿子，他们常常制造各种棘手的问题，让我不知该如何处理。当然，他们带来的不止这些。

我很快发现，孩子的身上有着巨大的磁场，我时常盯着他们粉嫩的指甲、清澈的眼眸和浓密的头发，怎么都看不够。这一切让我心甘情愿地付出所有的爱，不管发生什么我都不会抛弃他们。第二个孩子的出生还让我意识到，每个孩子所获得的父母之爱在弟弟妹妹降生后丝毫不会减少，反而可能因为孩子数量的增多而倍增。

身为科学家的我很清楚，观察婴儿大脑的发育过程就好像是坐在电影院前排观看生物学意义上的宇宙大爆炸，而所有这一切都始于静静躺在子宫里的一个小小受精卵。在短短几周里，它以每秒 8 000 个细胞的惊人速度制造出大量的神经元；几个月后，这个世上最精密的思维机器已初显雏形。这个神奇的过程带给准父母们的，不仅仅是感叹和爱，还有焦虑和疑惑。

育儿谣言大揭秘

关于如何养育子女，父母需要的是事实，而不只是建议。但问题是，现在有关育儿的图书、网站、博客和播客可谓多如牛毛，而且生过孩子的亲友也总结出了许多育儿经。由此可见，父母缺乏的并不是信息，而是面对海量信息如何去选择。

科学是一个好东西，好就好在它既不偏不倚，也不会强人所难。一旦你知道了哪些研究成果值得信任，不靠谱的谣言就会不攻自破。任何一项研究成果必须经受一系列严格检验才能让人信服，比如它必须在相关文献上出版并得到多次证实。本书所涉及的研究成果都符合这个标准，一些成果甚至历经数次验证。当然，还有一些前沿研究成果虽然可靠，但尚未得到长时间的考验，对于这些成果我会做特别说明。

对我来说，教育方式的确与孩子大脑的发育相关。这一点儿也不奇怪，因为我是一个发展分子生物学家，并且对精神疾病遗传学非常感兴趣。我工作的主要内容是给需要这方面专业知识的公司和公共研究机构提供咨询服务。我还在西雅图创建了塔雷瑞斯研究院（Talaris Institute），它紧挨着华盛顿大学。该机构的创建目标是在分子、细胞和行为层面对婴儿处理信息的过程进行研究，所以我有很多机会接触到许多父母，并时常开展讲座。

当然，科学家不可能洞察大脑的一切，但是我们已经掌握的知识确实能够为父母培养出聪明快乐的孩子提供很大的帮助。所以，我很乐意在本书中回答父母们关心的众多重要问题，帮助他们戳穿那些不实的育儿经。

接下来就让我们来看一些流传甚广的谣言。

谣言：让胎儿听莫扎特的音乐能够提高他未来的数学成绩。

真相： 你的孩子出生后能够轻而易举地记住莫扎特的音乐，以及其他在子宫里听到、闻到和尝到的东西。但如果你想让孩子未来的数学成绩出类拔萃，那么最好的办法就是在他还小的时候教他如何控制情绪冲动。

谣言： 让婴幼儿看语言学习方面的 DVD 能够扩充他们的词汇量。

真相： 实际上，看 DVD 甚至会减少孩子的词汇量；而你与孩子交谈时所使用的词汇数量和丰富程度，才会实实在在影响到孩子的词汇量和智商。其实孩子更容易在面对面进行人际沟通时掌握词汇。

谣言： 为了开发婴儿的智力，应该让他们在 3 岁以前就开始学习外语，观看早教 DVD，练习玩耍各种益智玩具。

真相： 世上最好的婴儿智力开发游戏有可能只是一个普通的纸板箱、一盒橡皮泥和两小时的游戏时间，而最糟糕的却可能是你崭新的液晶电视。

谣言： 不断表扬孩子聪明能够增强他们的自信心。

真相： 这样他们会变得容易知难而退，而不是努力克服困难。如果你想要孩子考上好大学，不如一直肯定他们付出的努力而非一味表扬他们“聪明”。

谣言： 孩子总能找到自己的快乐。

真相： 让孩子感到快乐最重要的一个因素就是拥有好朋友。他们是如何交朋友，并维系友情的呢？善于解读非语言沟通信号是关键。这一技能是可以训练的，而学习某种乐器能够将这一能力提高 50%。经常用手机发送短消息则会削弱这种能力。

此类研究成果不断发表在很多知名科学期刊上，但是除非你经常查阅，否则就很难获悉更翔实的科研成果。我撰写本书的主要目的，就是希望普通人也能了解最新的科研成果。

脑科学做不到的事

虽然有些育儿书籍得出的结论截然相反，但在我看来，造成这一现象的原因之一是缺乏好的科学筛选工具。就拿怎样哄孩子入睡这件事来说吧，育儿专家给出的各种五花八门的建议往往会让初为父母者感到无所适从，不知所措，这可能是让他们感到最烦心的一件事情。

看来，脑科学无法解决父母碰到的每一个具体问题，它只能为父母指明大方向，但是路具体该怎么走，还需要他们自己摸索。实际上科学家才刚刚开始研究如何有效教育孩子，此类研究难度很大，主要是由于下列四大原因。

每个孩子都不一样

没有两个孩子的大脑是完全一样的，所以孩子们对相同情境做出的反应也不可能完全相同。我们不能教条地、一刀切地解决父母碰到的各种问题。我呼吁各位父母务必深入了解自己的孩子，这意味着你们要花很多时间陪伴在孩子身边并且了解他们的行为特征。只有搞清楚孩子的行为变化过程，父母们才能找到适合自己孩子特点的教育方式。

从研究者的视角来看，大脑对于外部环境的反应是非常复杂的。个体差异和文化差异使每个人都具有独特的价值体系，贫困家庭、中产阶级以及富有家庭面临的问题也大相径庭，这些差异都会对大脑产生影响。这样来看，此类研究非常难做也就不足为奇了。

每对父母都不一样

对双亲家庭中的孩子来说，父母的管教方式也不止一种而是两种，而父亲和母亲的侧重点也往往有所不同，这种差异有时会造成很大冲突。对孩子产生影响的不是某一方的教育风格，而是双方风格的综合体。

正是由于父母的教育风格不同，所以我们才强调父母双方在教育孩子这个问题上应该做到百分百配合。但在现实中，父母双方很难做到完全协调统一，而孩子始终会对这种混合的教育风格做出反应，进而影响父母未来的教育行为。这一过程无疑会让相关研究变得更加复杂。

孩子还会受到环境的影响

当孩子渐渐长大后，他们的生活会变得更加复杂。校园生活和同学的影响会变得越来越大。有研究者甚至说，就塑造孩子的行为而言，同龄人（特别是同性别同龄人）的影响甚至超过了父母的影响。当然，这样的观点遭到了一些质疑，但没有被彻底否定。

科学只能证明相关性，而非因果关系

就算所有孩子的大脑完全相同，所有父母的教育风格也雷同，但目前绝大多数的相关科学研究还是存在缺陷。我们所收集的大部分数据只能证明其相关性，而不能证明有因果关系，因为相关变量之间可以不存在任何因果关系。比如，爱发脾气的孩子总是尿床，两者的相关性是 100%，但这并不意味着尿床导致孩子的脾气变坏。

理想的研究应该这样做：首先，找出让孩子变聪明、快乐或听话的行为秘诀；然后，把秘诀传授给有需要的父母，让他们照这些方法着重培养孩子；

20年后，再对这些孩子进行调查，以确定行为秘诀是否有效。但是这样的研究方法不仅非常烧钱，而且在现实中几乎不太可能完成。这就是大多数研究只能证明变量之间存在相关性而非因果关系的原因。

养育孩子的种子和土壤

0～5岁婴幼儿大脑发育的过程在本书中均有涉及。一般来说，即将做父母的人都会努力学习大量有关养育子女的知识，但当孩子降生后，父母的学习热情可能就没有原来那么高了。所以，我希望此书能够吸引大家的注意力，尽早将更多的知识传授给读者，要知道在孩子出生后的头五年，而不仅是第一年，你所做的一切都将会对孩子长大后的行为产生深远影响。我们之所以能够得出这一结论，是因为有一群研究者曾耐心地对123位低收入家庭、高风险学龄前儿童进行了为期40年的跟踪调查。这就是非常著名的佩里幼儿教育研究（High Scope Perry Preschool Study），该项目最终成为美国各种学龄前儿童培训项目的标杆，其中也包括“开端计划”（Head Start）。

> 1962年，这批学者想要测试他们开发的一项学龄前儿童培训项目。一批来自密歇根伊斯兰提（Ypsilanti）的孩子被随机分成两组。实验组接受了该项目的培训，控制组没有接受相关培训。两组孩子后来体现出来的巨大差异充分说明了早期教育的重要性。
>
> 实验组的孩子在学习的各个方面都超出了控制组，无论是早期进行的智商和语言测试，还是在后来进行的标准化成绩测试和读写能力测试中，都更胜一筹。他们获得高中文凭的比例更高（女生的高中毕业率达到了84%，而控制组女生只有32%）；进入大学深造的比例也更高。
>
> 控制组的孩子患心理问题的概率比实验组高4倍（36%比8%），留级的概率也是后者的两倍（41%比21%）。
>
> 孩子们长大后，实验组的犯罪率更低，工作更稳定，赚的钱更

多，也更会理财。经济学家估计，此类培训项目的社会回报率为7%～10%，几乎和股票市场的历史回报率相当。也有专家认为，投入此类项目的每1美元税款能够产出16美元回报。

种子和土壤

佩里研究充分说明了环境因素对于孩子成长的重要性，但是天性发挥的作用也不小，很难将两者的作用完全区分开来。有这么一个笑话，一个三年级男生回家后将成绩单递给爸爸，爸爸看了一眼对他说："'差'和'不及格'是怎么回事？"男孩答道："你不是常说有其父必有其子吗？"

我曾经陪同读三年级的儿子参加学生科技作品展览会，会场里熙熙攘攘，很是热闹。他的同学演示了一些有关种子、土壤和生长曲线的小实验，其中一个女孩给我留下了很深刻的印象。她费了老大的劲解释说自己使用的是基因相同的种子。她将一颗种子种在肥沃的土壤里，细心地照料；而将另一颗种子种在贫瘠的土壤里，同样悉心呵护。结果前者的长势很好，后者却发育不良。她把两棵植株放到我手里让我看个究竟。她想要说明的是，种子为植物提供了完全相同的成长机会，但光起点相同是远远不够的。"种子和土壤一个都不能少。"她说。由此可见，先天素质和后天教养同样重要。

女孩说得不错，我用这一比喻来划分本书涉及的各项研究。有些因素父母是可以控制的，但有一些是控制不了的，既包含种子，也包含土壤。不过无论环境因素发生怎样的变化，有一个事实是无法改变的，那就是孩子有50%的潜能是遗传的。好消息是，作为父母，我们必须竭尽全力教育孩子。虽然我是一个专业的遗传学家，但我坚信父母对孩子行为施加的影响远比我们想象的要大得多。养育子女是一项艰巨的任务，会花费很多时间和精力，但从进化论的角度来看，这些都是必需的。

教养与人类的社会性

为什么人类养育孩子的时间那么长？这个问题让许多进化科学家头痛不已。除了一两种鲸类之外，地球上没有其他物种的成长期能够超过人类。为何其他物种的发育期没有那么长呢？让我们先来看看父母在养育子女的时候都经历了些什么：

> 我已经精疲力竭了。我刚把小杰从便盆上抱下来，他就在尿片里拉了一坨屎，还打翻便盆，在地毯上撒尿。随后，我给他洗澡的时候，他又尿在了地毯上。我觉得自己再也撑不下去了，但事实上我总是在收拾烂摊子……
>
> 我和丈夫的词汇量都挺丰富，不过我们从未骂过孩子，而且平时讲话也非常注意用词。即便如此，还是没能阻止孩子学坏。一天，外婆让孩子告诉她心爱的洋娃娃叫什么名字，她回答道："蠢蛋。"我的妈呀！

是的，无论什么事情，我们都要亲自教孩子该怎么做，就连大小便也不例外。孩子是天生的学习机器，所以父母必须注意自己的言行，丝毫不能怠慢。一切都需要投入大量精力。因此，遗传生物学家不得不思考这样一个问题：为什么人类愿意挑起这么重的担子？

生存的重要性毋庸多言。大脑的主要职责就是帮助身体生存下去。无论是在达尔文时代，还是在信息泛滥的今天，生存的意义就是将我们的基因传给下一代。是否有人愿意牺牲小我以使家族基因传递下去呢？问题的答案显然是肯定的。但是，为什么人们要花费那么多时间和精力来抚养孩子呢？

刚刚出生的婴儿就像是还未烤熟就已出炉的饼干，大脑尚未发育成熟，需要父母长时间的呵护与无微不至的养育。这种行为的重要性太显而易见：人类的香火之所以能够延续，是因为从老祖宗开始，有无数称职的父母一把屎一把尿地把孩子养大成人，仅靠婴儿的大脑是不足以让他们靠自己在这个世界上生存下来的。

人类是社会动物

现代社会很善于破坏人与人之间的紧密联系。人们疲于奔命，自己的亲人往往相隔千万里，只好依靠电子通信工具维系感情。初为父母者常常抱怨自己被迫脱离了原先的社交圈，对他们的亲戚来说，刚出生的孩子是个陌生人；而对于他们的朋友，孩子就是个代号。人与人之间的关系本不应该这样。

人类是彻头彻尾的社会动物。认清这一点对于理解本书涉及的许多主题，如共情、语言等都是非常重要的。由于大脑是生理器官，所以我们可以从进化的视角来寻找人们善于社交的原因。大多数科学家相信，人类之所以能够生存下来是因为合作性社会群体的形成，人们必须花大量时间经营人际关系，了解彼此的需求、内心的想法以及价值体系。

由此产生了两大好处。首先，人们能够结伴群居，共同狩猎，寻找庇护并抵御捕食者。其次，人们可以彼此照顾后代。女性产后需要花时间恢复体力，所以必须有其他人在这段时间里照料孩子。对难产而死的母亲来说，孩子更需要别人照顾，这一任务通常是由其他女性来完成的（毕竟男性无法分泌乳汁）。不过许多科学家相信，最成功的群体是那些积极为女性提供支持的男性群体。这种同舟共济、互帮互助的需求非常必要，也决定着人类的生死存亡。因此，研究者给这种彼此照看后代的现象单独起了个名字，叫作“替代养育行为”。如果你觉得无法单独承担养育子女的责任，没关系，因为这么重的担子本来就不该由一个人来扛。

虽然我们不可能乘着时光机回到距今约 260 万年至 1 万年的更新世，但就在当今社会，相关的证据也比比皆是，比如，新生儿都渴望与家人建立紧密联系，而且天生就善于和他人交往。一位母亲讲述了这样一个故事，一天，她和 2 岁大的儿子一起观看《美国偶像》。当看到主持人采访泪流满面的被淘汰选手时，小男孩突然跳起来，拍拍屏幕说："不哭，不哭。"这一幕表现出这个可爱的孩子具有良好的人际交往技能。由此可见，每个人生来都具有和他人建立紧密联系的本领。

如果你已经意识到大脑最在乎的是生存，并有强烈的交往需求，那么就很容易理解本书的内容，即如何帮助孩子充分发挥大脑的潜能。

本书引用的许多故事都来源于一个论坛，许多父母在上面匿名发帖倾诉、寻求帮助，或分享育儿经验。

目录

第一部分

Brain Rules for Baby

促进孩子大脑发育：准妈妈宝典

Brain
Rules for Baby

|第1章| 安静的子宫孕育健康的大脑

大脑规则

大脑在子宫中便已开始了活跃的神经活动。

紧张的母亲会生下压力重重的孩子。

均衡饮食，保持健康，适度运动。

一天，我给一些即将为人父母的夫妻开讲座。之后，一位女士和她的丈夫面带焦虑地找到我，她问："我的父亲是业余无线电爱好者，他让我丈夫时常轻拍我的肚子。请问这么做有好处吗？"她一脸疑惑，我也是丈二和尚摸不着头脑。"为什么要这么做？"我问。她的丈夫回答说："不是随便拍打，而是用摩尔斯电码给孩子发消息，这样他就能变得更聪明。我们或许还能教会孩子用摩尔斯电码回复！""这么做真的会让孩子变聪明吗？"那位女士接着说，"我的肚子又酸又胀，我可不想被拍来拍去的。"

这段对话听起来的确非常滑稽，大家都忍不住笑出声来。不过和笑声同样真实的是这对夫妻心中的疑惑，从他们的眼神中就能看出来。

每当说到胎儿脑部的飞速发育时，我就会真切地感受到一阵恐慌在教室里弥漫开来。听众一听到这些内容就会精神高度集中，一边疯狂地记着笔记，一边兴奋地交头接耳。那些已经不是第一次生孩子的夫妻，有的看起来心满意足，有的则流露出一丝遗憾，有的甚至心怀愧疚。他们准备了一大堆问题。胎儿真的能够在孕晚期学会摩尔斯电码吗？如果能，对胎儿来说有没有好处呢?

对于胎儿在子宫内的神经活动，科学家已经有了许多新发现，比如胎儿大脑发育始于一些小小的细胞，我将在本章和大家探讨这一神秘过程。各位读完后就会知道学习摩尔斯电码是否会让胎儿变得更聪明，以及哪些举措被科学证明的确对胎儿的心智发育有益，实际上这些举措只有 4 种。此外，我们还会对一些流行的做法展开讨论，比如：给胎儿听莫扎特有没有用呢？答案是：大家可以把这些 CD 都收起来了。

请保持安静，孩子正在发育

如果让我根据现有的科学发现对胎儿在孕前期的发育提一条建议，那么我会说：让孩子清静一点儿吧，他们不喜欢被打扰。

首先，子宫的最大好处就是屏蔽了各种刺激。子宫里黑暗、湿润、温暖，对胎儿来说，像防空洞一样坚固，而且没有外部世界的各种纷扰，非常安静。这是胎儿早期大脑发育所需的最佳环境。发育过程一旦开始，大脑胚胎每分钟就会生产出 50 万个神经元。这一速度非常惊人，相当于每秒钟诞生 8 000 个神经细胞，而且这样的高速将维持数周之久。这个过程在怀孕 3 周后就能被观察到，并将一直持续到孕中期。在这段相对较短的时间里，胎儿要完成很多事情，所以准父母们千万别打扰肚子里的孩子，他们可忙呢。

实际上，一些遗传生物学家相信，这也是早孕反应会发生在人类的怀孕阶段的原因。有些孕妇整天都会感到恶心，这种反应甚至贯穿了整个孕期，让她们尽量保持清淡的饮食。在远古的更新世时期，我们的祖先在野外生存，什么都吃，所以有早孕反应的孕妇不会随便吃新奇和腐败的食物，以避免中毒。此外，伴之而来的无力感也可防止孕妇做各种剧烈运动，这样胎儿就不会受到伤害。科学家们还认为孕妇的呕吐反应能让孩子变得更聪明。

一项未经重复验证的研究对一些母亲在孕期剧烈呕吐的孩子进行了入学标准智商测试，结果发现有 21% 的孩子得分超过 130 分（非常聪明）。如果母亲在怀孕的时候不曾出现恶心呕吐，那么只有 7% 的孩子在入学时能够达到这一智商水平。进行这项研究的学者对该现象提出了一种解释（该理论尚未得到证实），刺激孕妇呕吐的两种激素或许可以促进胎儿脑部的发育，孕妇的呕吐情况越严重意味着这两种激素分泌得越多，胎儿的智力水平就能得到更多的提升。总而言之，不管是出于什么原因，胎儿总是在想方设法让自己获得清净。

那么，人们是否能够做到尽量不去打扰肚子里的孩子呢？很难！大多数父母总是想做点儿什么来帮助孩子发育，特别是智力方面。我相信，玩具厂商充分利用了父母这方面的急切心理并赚取了大把钞票。请大家注意，接下来的内容能让你少花许多冤枉钱。

“神奇的”胎儿耳机不神奇

几年前，我在一家玩具店转悠的时候无意中发现了一则广告，它宣传一种专门为婴幼儿设计的 DVD 产品，名叫“神童宝贝”。宣传单上是这样写的：“您是否知道如何促进孩子的智力发育呢？对大脑发育来说，孩子出生后的头 30 个月是最重要的，因为许多关键阶段都在这一时期完成……我们能够帮助您把孩子变成下一个神童宝贝！”这简直是一派胡言。我用力把宣传单揉成团，扔进了垃圾桶里。

所谓的“神奇”产品，历史非常悠久，20 世纪 70 年代末就出现过一套名为“胎儿大学”的课程。这套课程声称能够让孩子集中注意力的时间变得更长，让他们变得更聪明，掌握更多的词汇，而且所有这一切都是在娘胎里完成的。

胎儿出生后甚至会得到一张写着“优生宝宝”的毕业证书。到80年代，胎儿耳机诞生了。这套被吹得神乎其神的系统通过紧贴孕妇腹部的耳机将母亲的声音、古典音乐和其他据说能够促进智力发育的声音传入子宫。此后，这类胎教产品层出不穷，打出的广告语都很抢眼，比如，“让宝宝在娘胎里学会拼写”，“多听古典音乐能够提高胎儿的数学能力”等。在这些风潮中，莫扎特的音乐特别受欢迎，甚至有“莫扎特效应”这一说法。90年代，胎教产业进一步扩张。一些胎教图书列出了各种活动，据说这些活动能让孩子的智商提高27～30分，并将注意力时间延长10～45分钟。

现在走进任何一家玩具店都会看到大量类似的产品，而生产商根本就没有对产品的效果进行过检验，我们更找不到能够证明这些产品有效性的独立检测报告。

全是瞎折腾。信不信由你，**到目前为止，没有任何科学证据能证实这些产品对提高胎儿的大脑发育有丝毫帮助**，而且也找不到任何相关效果检测的双盲随机实验；更没有任何有力证据能说明胎教课程可以持久地提高孩子的智力水平，并让效果延续到高中阶段。由此可见，胎儿大学和莫扎特效应都没有通过科学的严格检验。遗憾的是，父母们依然被各种广告所蛊惑。即便是现在，各种胎教产品依然像张无形的大网，将毫无戒心的父母们网罗其中，为虚幻的愿景乖乖掏钱。

对我们这些搞研究的人来说，胎教产业的飞速扩张是一件非常可怕的事情，因为这些产品会误导父母们，而一些真正有意义的科学发现却得不到应有的关注。科学家们目前的确也发现了一些能够提高胎儿认知发育水平的活动，其效果已通过科学方法的检验。为了更好地理解这些成果的价值，我们需要对婴儿大脑发育的过程做一些阐述，之后你就会发现，所谓的胎教产品都是骗人的。

神奇细胞的奇迹

造人所需的无非是一个精子、一个卵子和一首浪漫情歌。精子和卵子一旦结合，就开始在一个狭小的空间内制造出许多细胞，人类胚胎很快就会长得像小桑葚一样大，这个发育阶段就叫作桑葚胚。小桑葚的第一个任务就是将某些部分变成孩子的身体，又将某些部分变成孩子的住所。这一过程进行得很快，一些细胞会变成胎盘和羊膜囊（胚胎就悬浮于其中），另一些细胞则负责构筑胚胎，并创造出一团名叫内细胞群的组织。

我们需要仔细说一说内细胞群里的一个神奇细胞，所有大脑组织就是由这个细胞不断分裂和分化而形成的，世上最复杂信息处理装置的装配过程也由此开始，而在最初，它的个头比这句话末尾的那个句号还要小很多。

虽然科学家们已经进行了 20 多年的研究，但我依然觉得这个小小的细胞是那么不可思议。刘易斯 · 托马斯（Lewis Thomas）在《细胞的生活》（*Lives of a Cell*）一书中如是说："这样一个细胞的存在，堪称地球上最伟大的奇迹之一。人们应该奔走相告，传颂这个令人难以置信的神话。"

奇迹仍在继续。如果你能实时观察正在发育的胚胎，就会发现内细胞群里挤满了细胞，它们围绕着胚胎忙忙碌碌，就像是快餐店的厨师一样。这些细胞排列成三个层次，看起来就像一个汉堡包：底层小圆面包叫作内胚层，主要分化成胎儿的各种器官和血管组织；汉堡包的馅料层，也就是中胚层，将形成胎儿的肌肉、呼吸系统、消化系统和骨骼；而上层小圆面包，即外胚层，将形成胎儿的皮肤、头发、指甲和神经系统。那个神奇细胞就在外胚层里。

必须重视的神经管发育

如果再凑近一点观察，还会发现，在"小圆面包"顶部的中央有一列最为细小的细胞正在形成；在其下方，一个原木形状的圆柱体也在形成，并沿着上方那一列细胞的方向不断延伸。这个圆柱体就是神经管，将形成胎儿的脊柱。神经管远端将分化成胎儿的屁股，而近端则会分化成胎儿的大脑。

神经管是否正常发育至关重要，如果发育不正常，胎儿的脊髓就可能外凸，甚至在脊髓接近腰部的部位长出肿瘤，这种情况叫作脊柱裂。此外，胎儿的大脑结构还有可能发育不全，这种罕见的情况叫作先天无脑畸形。

所以，几乎每本有关怀孕的图书都强烈推荐孕妇服用B族维生素叶酸，它有助于胎儿神经管的正常发育，无论是神经管的近端还是远端。**在受孕期间以及孕后数周服用这种补充剂的孕妇，胎儿发生神经管缺陷的概率会下降76%。**如果你想让胎儿的大脑健康发育的话，那么上述举措是首先需要做到的。

在历史上的任何阶段，人们对于胎儿的发育问题都十分关切。1573年，一位名叫安勃拉·巴雷（Ambroise Paré）的外科医生列出了一些可能导致怪胎降生的因素。他在《论怪胎和异事》（*On Monsters and Marvels*）一书中写道："怪胎的降生是由下列因素导致的：上帝的旨意和愤怒，以及精子数量过多或过少。"他还认为孕妇的不雅姿势，例如长时间跷二郎腿，也可能导致婴儿的出生缺陷。此外，子宫狭小、妖魔作祟甚至乞丐的口水也被列入其中。

或许我们无法认同巴雷的观点，但即便是在科技高度发达的今天，人们对胎儿大脑的发育过程依然知之甚少。对于当今的科学家来说，近2/3的出生缺陷仍然无法解释，他们只能将大约1/4的已知出生缺陷与某些遗传问题联系起来。同时，孕妇的身体也似乎具有某种自动排障机制，如果胎儿的发育出了什么问题，孕妇的身体常常会察觉到，并下意识诱发流产。约有20%的受孕以自然流产形式告终。在科学家观察到的出生缺陷中，只有10%是由已知环境毒物以及可以检测到的因素导致的。

幸好绝大多数胎儿的大脑都发育正常。神经管分化成大脑的这一端会继续它的建设工程，形成一团团像珊瑚一样复杂的细胞突起，直至最终形成大脑的各个组成部分。受孕 1 个月后，神奇细胞已经变成声势浩大的百万大军。

当然，迅速发育的不只是大脑组织。怀孕 4 周左右时，胚胎会暂时性地显现出鳃弓，形状和鱼的鳃弓非常相似，但很快就会变成胎儿的面部肌肉和喉部组织。在人类的发育过程中，可以看到许多类似的进化根源。

细胞突起最后会长成肥肥大大、超级聪明的大脑。就脑组织占身体组织的比重来说，人类的大脑是最大、最重的，这个巨大的组织是由一张巧妙的细胞网络构成的，生物电荷不断地在网络中交互传送。其中有两类细胞很重要：一类是神经胶质细胞（glial cell，glial 源于希腊语中代表胶的词 glía），胎儿大脑的 90% 由此类细胞构成，它们形成了大脑各个组织，并协助神经元正确处理信息；第二类就是我们熟知的神经元了，人类的思维功能主要靠它们完成，虽然它们只占脑细胞的 10%。关于“我们只使用了大脑的 10%”的谣言很可能就是这么产生的。

一个神经元，15 000 个连接

那么，细胞是如何演变成大脑的呢？胚胎细胞裂变成神经元的过程被称为神经形成，该过程贯穿于孕期前半段，胎儿在这个阶段不希望被打扰。而在孕期后半段，神经元会迁移到最终的位置，彼此连接，这一过程叫作突触发生。

一说到细胞迁移，我就想起了警犬从警车里一跃而出，到处探查罪犯气味的场景。神经元在迁移的时候，也从外胚层的牢笼中蜂拥而出，一个叠着一个向前爬行。它们时而停顿，时而嗅着分子线索，踉踉跄跄地沿着不同路径蜿蜒前行，足迹遍布整个大脑。最终，它们到达目的地，这些地点或许也被事先存入了上述“迁徙者”的“大脑”之中。它们四处张望，观察自己的新居所，然后开始与邻居建立联系。这时，神经细胞之间会形成很小的缝隙，称为突触（“突触发生”因此得名），生物电荷在间隙中往复，以便神经系统进行交互通信。最后这一步是大脑发育过程中最关键的一步。

突触发生是一个很长的过程，原因很简单：它实在太复杂了！一个神经元平均要和周围的神经元建立 15 000 个连接，一些神经元的连接数量甚至超过了 10 万个。这意味着胎儿大脑在发育过程中每秒大约要形成 180 万个新的神经连接，这个数字非常惊人。而且许多神经元还没完成连接工作，就像交配后的鲑鱼一样死掉了。

即便神经元建立连接的速度快得惊人，也不意味着突触发生过程能够在胎儿出生前完成，实际上大约有 83% 的突触发生在胎儿出生以后进行。通常女性要等到 20 岁出头才能完成这一过程，而对男性来说，这一浩大工程结束得更晚，这实在是不可思议。就人类而言，大脑是最后发育成熟的器官。

奇妙的感觉发育

大脑发育的速度起初极快，随后又变得极为缓慢。这样是为了更好地创造出一个能接收信息，同时对信息做出反应且功能齐备的大脑。好奇的父母不禁要问：胎儿何时具有意识并且知道自己有了意识？他们什么时候会有感觉，能发出声音，还能踢踢母亲的肚皮？

请记住，大脑发育的不同阶段有不同的任务。在孕期前半段，大脑的任务主要是生产神经元，为此后的发育阶段打好神经生理基础。此时，胎儿的大脑会忽视父母的绝大多数干预（这里是指父母的关爱，而不是像酒精、尼古丁等药物的刺激，这些刺激显然会损伤发育中的大脑）。而在孕期后半段，情况则完全不同，大脑发育的重点由产生神经元转变为突触的形成。这时，胎儿对外部世界的反应会变得敏感许多，神经元之间的连接更容易受到外界的影响。

胎儿大脑中的感觉系统是如何发育的呢？空降部队的指挥官或许能帮助我们回答这个问题。如果你问他取得战斗胜利的步骤有哪些，他会说：首先是空降到敌方领地，然后是夺下阵地，最后是和我方基地取得联系。这样，指挥部既能掌握战况，又能搞清楚下一步该怎么办。胎儿感觉系统的发育与上述过程颇为相似。

和伞兵占领敌军阵地一样，神经元会入侵大脑的特定区域，并建立各种感觉基地，与眼、鼻、耳相连的神经元最终将形成视觉、嗅觉和听觉。一旦这些区域被占领，神经元就会开始建立与知觉指挥控制系统之间的联系。此时，这些数量巨大的组织也正忙着在大脑内部发育，其间像首席执行官（CEO）一样的脑部组织将赋予我们感知能力，并且也和伞兵一样忙着占领阵地。在胎儿大脑的发育过程中，这些组织与大脑其他各部分的连接是最后完成的。这意味着，与眼、耳、鼻相连的神经元在试图与基地取得联系的时候没准只能听到忙音。也正是因为这个缘故，在胎儿能够真正感知外界刺激之前，部分脑区域就能对感觉刺激做出反应。

胎儿的记忆

在孕期后半段，一旦胎儿能够感知像声音、气味这样的刺激，他们的感觉系统就会变得非常灵敏，这些信息会被写入他们的潜意识。说不定哪一天，隐藏的信息就会从你的潜意识里蹦出来，吓你一跳，就像传奇指挥家鲍里斯·布罗特（Boris Brott）所经历的那样。

某天，布罗特首次排演一首乐曲。他站在指挥台上，就在大提琴手开始演奏的那一刻，他突然意识到自己以前听过这首曲子。这可不是随便记起的一段似曾相识的旋律，因为布罗特清楚地知道下一个小节的演奏细节。在排练过程中，他对整首乐曲都感到非常熟悉，就算是不看谱子也能从容指挥。

排练结束后，万分惊诧的布罗特赶紧给母亲打电话。“我的脑子里一下子就跳出了那段熟悉的旋律！”布罗特兴奋地告诉母亲。他的母亲是一位职业大提琴手，她问布罗特曲子的名字是什么，在得知答案后她放声大笑。原来，她怀孕的时候就正在排练这首曲子。那时候，她的肚子已经变得很大，大提琴的琴身正好挨着肚子，羊水能够传导声音，并且完全能够将乐声传递给腹中的布罗特，同时尚在发育的大脑十分敏锐，也记住了这些旋律。“乐谱上的音符正是我在娘胎里听到的旋律。”布罗特后来在接受采访时如是说。对于一个 0 岁都不到的大脑来说，这简直就是个奇迹。

子宫里的胎儿能够记住外界信息的例子不止这一个。正如我们看到的那样，你吃的东西或闻到的气味都能影响胎儿的感知，对新生儿来说，这些元素构成了熟悉的家的感觉。

接下来，就让我们看一看胎儿的感觉（触觉、视觉、听觉、嗅觉、平衡觉和味觉）都是在孕期的哪个阶段形成的。

触觉：4 周

触觉是最早“上线”的感觉之一。1 个月大的胚胎能够感觉到鼻子和嘴唇的触碰。触觉范围的延伸很迅速，到了 12 周，胎儿所有的皮肤都有了触觉。

我的小儿子在娘胎里的时候非常好动。妻子怀孕六七个月的时候，我时常能够看到她的肚子上鼓起一块，就好像鲨鱼的背鳍划过水面，随后又没入水下。我感到十分惊诧，我猜这是孩子的脚丫子。于是一天早上，当小鼓包再次出现在妻子肚子上的时候，我用手碰了碰，结果它立刻对我进行了还击。我和孩子他妈都兴奋地叫出声来。

如果你在孕期前半段这样做，那么什么反应都不会有。一直要到怀孕 5 个月后，胎儿的触觉才开始与成年人的触觉相似，他们的小脑袋也在这个时候开始描绘“身体地图”，在大脑中标注身体的各个部分。

在孕期的第 7 个月，胎儿开始表现出规避行为（比如在接受活检的时候远离探针）。科学家据此认为，胎儿能够感到疼痛。当然，这一结论我们无法直接证明。

在这一阶段，胎儿对温度也变得敏感起来。不过在孩子出生的时候，其温度感觉系统尚未发育完全，需要在以后不断完善。有两个互不相关的虐童案件：一个法国男孩和一个美国女孩分别被单独囚禁数年之久，结果这两个孩子竟然都无法区分冷热。女孩无法根据天气情况选择合适的衣服，即使是在极端寒冷的严冬也不知道穿上厚实保暖的衣服；而男孩会毫无顾忌地徒手从火中取出烤土豆。我们不知道这种现象的原因是什么，只知道在孩子出生后，其触觉发育过程还将继续进行。

视觉：4 周

子宫里的胎儿看得见吗？这是一个很难回答的问题，因为视觉是人类最复杂的感觉之一。

视觉在受孕 4 周后开始发育，胚胎两侧会出现以后将发育成眼球的小黑点。杯状结构很快就会在小黑点里出现，眼球晶状体的一部分就是由这些组织形成的。视网膜神经从原始眼球的后部伸出，蜿蜒前行，努力与大脑后部的区域连接，这些区域最终会发育成视觉皮质。神经细胞也没闲着，正忙着和来自其他区域的旅行者交朋友。孕期中后期，这些区域的神经连接活动非常活跃，还有不少神经细胞接连死去。在这一阶段，脑内每天要形成 100 亿个新突触。你会不会觉得，这么快的速度，胎儿可能要偏头痛了。

正是由于发育活动，胎儿大脑中控制眨眼、瞳孔扩大或追踪物体所需的神经网络在出生前就已经形成了。实验显示，如果有强光照进子宫，6个月大的胎儿活动会增加，心率也会发生改变，但是视觉功能需要9个多月才能发育完全。在孩子降生后的1年里，大脑还将以每天100亿个的速度形成突触，同时利用外部刺激来协助完成大脑内部的建设工程。

听觉：4周

如果你告诉我只要嘬嘬奶嘴，读读《戴帽子的猫》（*The Cat in the Hat*）就能有重大科学发现，那么我建议你不要白日做梦。但在20世纪80年代，不可思议的事情就这样发生了。在一项研究中，一些再过6周就要分娩的孕妇被要求每天大声朗读两次这本书，这意味着，肚子里的孩子平均每天要听妈妈读长达5小时的故事。待孩子降生后，研究人员给每个孩子一个特殊的奶嘴，奶嘴与一台机器相连，婴儿嘬奶的力量和频率可以被记录下来，研究人员利用这些数据判断婴儿是否能辨识出某些事物。婴儿会听到一些不同的录音，在录音里，他的母亲要么在朗读《戴帽子的猫》，要么在朗读其他故事，要么只是在说话。与此同时，研究人员实时监测婴儿的嘬奶频率。结果他们惊讶地发现，在娘胎里听过妈妈朗读《戴帽子的猫》的孩子在出生后能够辨识出妈妈朗读的录音，而且也更喜欢听，他们会以特定的方式嘬奶嘴，而其他故事或话语则没有这种作用。如此来看，婴儿显然记得自己在子宫里都听过些什么。

目前的研究发现，胎儿听觉感知的开始时间实际上比以上结论要早得多。在受孕4周后，我们就能在胎儿头上发现与听觉有关的组织：像小仙人掌一样的结构首先从头的两侧冒出来，它们被称为原始听囊，胎儿听觉器官的很大一部分将由这些组织发育而成。此后数周，工程的重点变成了内部听觉器官，如耳蜗和里面的纤毛，耳蜗的形状和蜗牛的外壳很像，故此得名。

这些结构何时与大脑的其他部分相连，并产生听觉呢？问题的答案就是孕后 6 个月。此时，如果你在子宫外弄出点儿咔嚓声，胎儿的大脑会产生微弱的电反应，并且发出细微的声音。1 个月后，胎儿反馈的动静变大了，速度也变快了。再过 1 个多月，变化更大了，早产的婴儿不仅能够听到声音，做出反应，而且能够区别不同的声音，比如“啊”“咦”，或“吧”“哔”。伞兵的空降作战模式再次上演，首先夺取阵地，再与指挥所取得联系。

在孕中期，胎儿就能够听到母亲的说话声，而且在出生后更偏好这些声音。如果我们将母亲的声音进行钝化处理以模仿子宫里的听觉环境，婴儿的反应会变得特别强烈。在一项有趣的研究中，实验人员让胎儿听某部电视剧的片头曲，结果孩子出生后一听到这段乐曲就会停止哭闹（其他乐曲则没有这种效果）。在孕期末段，胎儿能够牢记在子宫里听到的声音。当新生儿开始面对冷冰冰的陌生世界时，熟悉的声音能够安慰他们，让他们平静下来，并渐渐适应新世界的生活。

嗅觉：5 周

嗅觉也是如此。受孕 5 周后，胎儿便开始在大脑中构建复杂的嗅觉中枢，但是和其他感觉一样，生理结构的存在并不意味着知觉的形成。在受孕后 2 ～ 6 个月，胎儿的鼻腔被一团组织堵得严严实实，这团组织的作用很可能就是为了阻止任何嗅觉感知的发生。**当孕期进入第 7 个月之后**，一切开始改变：组织被一层黏膜所替代，许多嗅觉神经已经连通了嗅觉皮层；母亲的胎盘也变得不再那么挑剔，许多气味分子能够进入子宫。正是由于这些生理变化，**胎儿的嗅觉世界变得丰富起来，他们能够闻到母亲涂抹的香水味以及刚吃进肚子里的比萨饼的奶酪味。**

孩子在降生后会偏好这些味道，这被称为“嗅觉标记”。研究者发现了一个很有趣的现象：如果在给刚出生的婴儿清洗身体之前，先用羊水擦拭他的身体，他就会安静下来。这是为什么呢？因为气味和声音一样，也会让孩子想起过去9个月待过的那个温暖的家，在孩子的大脑里，气味和特定记忆会形成牢固的神经连接。事实上，许多母亲只要闻一闻味道就能分辨出谁是自己的孩子。

平衡觉：6周

出生5个月以内的婴儿可以做一做下面这个实验：把婴儿平放在床上，将其双脚或双手举起，随后放开，让其自然下落。这时，你会发现孩子的双臂会向外伸展，拇指弯曲，掌心向上，脸上呈惊恐状。这就是莫罗反射（Moro reflex）。

孕期超过8个月的妈妈通过特殊仪器可以观察到，自己活动时，肚子里的胎儿也会相应做出莫罗反射，如果你躺着，那胎儿就翻个身；如果你坐着，那胎儿就站起来。这时，肚子里有什么明显的感觉吗？其实子宫里的孩子正在完成这一反射，你的动作会激发胎儿的反应。

婴儿及胎儿的反应是正常的反射，当受到惊吓，特别是感觉自己在下坠时都会产生这种条件反射。科学家认为，这是人类具有的唯一先天性恐惧反应。对婴儿来说，能够做出这种反射十分重要，否则就有可能患有神经障碍。正常的婴儿必须在出生5个月以内表现出这一反射；但它也是有时限的，如果5个月后的婴儿依然具有这种反射，那么可能患有神经障碍。

莫罗反射说明，在受孕8个月后，许多运动和前庭平衡功能已经形成。前庭平衡功能是指在大脑协调下，肌肉和平衡觉器官（耳内的前庭）能够保持实时通信。莫罗反射的完成需要非常复杂的通信功能。

当然，胎儿做不了高难度的体操动作。但是在怀孕6周后，他们能够快速伸展收缩四肢（不过怀孕9周前，母亲不会有什么感觉）。这个动作也很重要，少了它，胎儿的关节就无法正常发育。怀孕 8 个月时，胎儿就能够主动做出一系列协调的动作了。

味觉：8 周

直到怀孕 8 周后，胎儿的小小舌头上才会出现与味觉相关的组织，当然，这并不意味着胎儿立刻就具有了味觉。味觉的形成要等到孕期 6 个月以后，这时我们又一次看到了伞兵的作战模式，胎儿身上会出现一些熟悉的现象。

怀孕 6 个月后，胎儿的吞咽模式会发生变化。如果母亲吃了甜的东西，他们大口吞咽的频率会提高，美味的食物通过胎盘进入羊水。6 个月以上的胎儿平均每天能够吞下约一升的羊水，而且**孕妇在孕期末段的饮食习惯能够影响到孩子出生后的口味偏好。**

在一项研究中，科研人员向怀孕母鼠的子宫内注射苹果汁，结果生下的小鼠特别喜欢喝苹果汁。人类也是一样，如果孕妇在孕期末段喝大量胡萝卜汁，那么孩子出生后也会喜欢喝胡萝卜汁，这叫作口味设定。在孩子刚出生的时候，母亲也可以有意设定他们的口味：假如母亲在哺乳期一直吃青豆和桃子，那么孩子在断奶后也会喜欢吃这些食物。

金发姑娘效应：平衡为上

从触觉、嗅觉、听觉到视觉，胎儿在子宫里的生活变得越来越丰富。这对于热心帮助胎儿发育的父母意味着什么呢？如果运动机能十分重要，那么准妈妈是否应该每隔 10 分钟就来一个侧手翻以激发胎儿的莫罗反射呢？如果口味偏好是在娘胎里形成的，那么在孕后期，准妈妈是否应该坚持素食以保证孩子出生后爱吃蔬菜和水果呢？此外，给胎儿播放莫扎特的曲子或朗读故事会有什么神奇效果吗？

提出假设很容易，但证实就是另一回事了。在此，我需要告诫父母：不要过度解读以上科研成果。大家提出的问题非常有趣，但目前我们掌握的数据还不足以解开所有早期大脑活动的谜团，它们只是帮助我们提出更多有趣的研究课题而已。

胎儿大脑发育的生理过程让我想起了《金发姑娘和三只熊》（*Goldilocks and the Three Bears*）的故事。在这个故事的经典版本中，一个金发小姑娘闯入熊宝宝家，她对桌上的几碗粥以及椅子和床进行了比较。小姑娘不喜欢熊爸爸和熊妈妈的食物及东西，因为粥要么太烫，要么太凉；椅子也太大；床要么太硬，要么太软。只有小熊的粥温度适中，椅子不大不小，床不软不硬。

和许多童话故事一样，这则故事的翻版也很多。19 世纪，诗人罗伯特·索锡（Robert Southey）发表了他的版本。一位愤怒的老妇闯进屋子，而三只熊都是公熊。文学史专家认为索锡借鉴了《白雪公主》的故事，因为白雪公主也闯入了小矮人的屋子，坐在他们的凳子上品尝他们的食物，还在其中一张床上睡着了。不管怎样，“恰到好处”原则是故事的核心，而且一直没有变化。

许多生物的生理机能都体现出了这种恰到好处的原则，所以科学家给这一现象起了一个不太科学的名字：金发姑娘效应（Goldilocks effect）。这一现象十分普遍，对众多生物来说，在这个充满敌意的世界生存，迫使它们不断在各种对立的因素之间寻求微妙的平衡，多一分少一分都会破坏生物系统。大多数生物都钟爱平衡状态，因此对于许多生理过程的深入理解都离不开“恰到好处”。

有助于胎儿大脑发育（特别是孕期后半段）的举措都遵循“金发姑娘效应”，包括以下 4 个方面：

- 体重。

- 营养。
- 压力。
- 锻炼。

控制体重

怀孕的准妈妈，需要摄入更多的食物，只要不过度进食，就能生个聪明的孩子。为什么呢？因为孩子的智商部分取决于脑容量的大小。个体智商差异的20%与大脑的大小有关（前额叶皮质的大小尤为重要），而婴儿的脑容量与其出生时的体重有关。换言之，在一定程度上，个头越大的孩子越聪明。

食物提供的能量能帮你生个胖孩子。从孕期的第4个月到婴儿出生这一阶段，胎儿对母亲饮食的种类和数量变得极为敏感。有关营养不良的研究表明，在孕期的第4～6个月间，严重营养不良的胎儿神经元数量较少，神经元之间连接的数量也较少，连接的长度也较短，神经传导的绝缘能力也较差。这些孩子长大后更容易发生行为障碍，智商水平也相对较低，语言学习能力较差，成绩不佳，而且一般不善运动。

那么，婴儿的体重到底应该多少才算好呢？这又是一个需要平衡的问题。**随着婴儿体重的上升，智商水平也稳步提高，并一直持续到婴儿体重达到3.6千克为止。**实际上，体重分别为2.9千克和3.4千克的婴儿，平均智商只差1分。可是当体重超过4千克以后，婴儿的智商水平却有所下降，平均降幅为1分。之所以会这样，很可能是因为过大的胎儿在腹中容易缺氧，或因体形巨大在出生时受到伤害。

那么，孕妇到底该吃多少东西合适呢？这个问题的答案取决于你在怀孕时的体重。不幸的是，美国有55%的适龄生育妇女体重超标。我们用身体质量指数（body mass index，BMI）来衡量一个人的肥胖情况，结果她们的这一指标介于 25 ～ 29.9 之间。如果你也属于这类人群，那么根据美国国家医学研究院（Institute of Medicine）的建议，你在整个孕期只需要增重 7 ～ 12 千克就可以了，而且从第 4 个月开始，只需要每周增重 0.25 千克。如果你的体形偏瘦，身体质量指数低于 18.5 千克 / 米 ^{2}，那么为了生一个聪明的孩子，你需要增重 13 ～ 18 千克。这意味着，在关键的孕期后半段，你大约需要每周增重 0.45 千克。这一建议同样适用于体重正常的孕妇。

由此可见，食物的数量非常重要。还有越来越多的证据显示，在孕期的关键阶段摄入什么种类的食物也非常重要。接下来，我们要在孕妇想吃的食物和对胎儿大脑发育有益的食物之间寻求平衡，不过这两类食物并不总是一致。

均衡的营养

孕妇的饮食偏好通常会发生奇怪的变化，她们会突然喜欢吃以前厌恶的东西，而对曾经偏爱的食物却失去了兴趣。许多生过孩子的妇女在怀孕的时候偏爱泡菜和冰激凌，但奇怪的饮食变化不止这些。一位女士疯狂地爱上了墨西哥卷饼上的柠檬酱汁，且持续了 3 个月之久。另一位则喜欢上了酱秋葵。还有大量孕妇喜欢吃冷饮。一些本不是食物的东西也列入了她们的食谱，其中包括婴儿爽身粉、碳，甚至还有灰，这种异食癖在孕妇中很常见，并且情况往往会持续 1 个月以上。

此类饮食变化是否应该引起人们的注意呢？它是否代表胎儿需要摄入特殊的营养成分呢？答案是否定的。我们的确能够从孕妇的饮食特点中发现胎儿缺铁，但证据还不充分。进食的作用不只是果腹，孕妇的饮食变化与她们平日进食的其他因素有关。如果巧克力的化学成分能让焦虑的孕妇感到放松，那么每当紧张的时候，她就会想吃巧克力。但是，有些孕妇到底为什么会疯狂地喜欢上某些不可思议的食物呢？实际上，我们对此确实知之甚少。

当然，这并不意味着孕妇的身体没有营养需要。孕妇这条船搭载了两名乘客，却只有一个厨房，让我们看一看应该在厨房存储哪些营养才有利于胎儿的大脑发育。我们已经知道，对于人体的发育来说，有 45 种营养成分是必不可少的，其中有 38 种对神经发育极为重要，在孕妇维生素补充剂的成分列表中可以找到它们的具体名称。应该吃些什么才能获取这些营养呢？我们可以在人类的进化史中寻找答案。在几百万年的进化过程中，人类的大脑一直在变大，通过分析其生存环境，可以推测出有助于脑部发育的食物种类。

经典的远古食谱

有一部老电影名叫《火种》(*Quest for Fire*)，影片一开始，我们的祖先围坐在火堆旁，津津有味地咀嚼着各种食物，一群群大型昆虫在火焰旁嗡嗡飞舞。突然，一个人伸出手来在空中一抓，一只昆虫便被他捏在手里，随后便成了盘中美味。接下来，他们在居所周围的泥地里挖掘块茎植物，在树上寻找各种水果。这就是更新世时期人类祖先的生活写照。

研究人员相信，千万年来，人类的食谱主要由青草、水果、蔬菜、小型哺乳动物和昆虫构成。他们偶尔会捕到一只猛犸象，这样可以连续两三天吃肉，直到猎物腐败。如果发现了蜂巢，就能吃到蜜糖，不过每年也就一两次，所以无法经常摄入葡萄糖和果糖。一些生物学家甚至认为，当今的人类之所以容易蛀牙，是因为糖并不在祖先的日常食谱中，所以还没有进化出应对它的防御机制。有些人将此食谱称为远古食谱，并以此来指导自己的饮食。

听起来也许没有什么稀奇的。均衡饮食、多吃水果和蔬菜对现在的孕妇来说依然是最好的建议。对非素食者来说，肉食中的铁元素也是对健康有益的。无论你是不是素食者，铁对于大脑的正常发育和成年人身体健康都是必不可少的。

无效的神奇药丸

关于该吃什么、不该吃什么的说法可谓铺天盖地，不仅是孕妇，各个年龄段的人都会为此感到困惑不已。我在华盛顿大学有一个非常优秀的学生，只有当他把手压在屁股下面时才不会提问。一天下课后，他气喘吁吁地跑到我面前。“这是一种健脑补品！”他兴奋地说，“它能提高你的记忆力和思维能力，我该服用这种神奇药丸吗？”他随即把一张银杏根药物广告塞给我。

银杏萃取精华是一种银杏提取物。数十年来，制药厂商一直宣称这种物质具有健脑作用，能够提高儿童和成年人的记忆力，甚至能够治疗阿尔茨海默病（老年痴呆的一种）。这种物质是否有效是可以用实验进行检测的，于是一些科研人员对银杏提取物的效果展开了调查。之后，我很遗憾地告诉那个学生，无论是对记忆力、视觉空间构建能力、语言能力，还是对心理活动来说，银杏萃取精华都没有改善作用。

“它对老年人有效吗？”学生问道。我的回答也是否定的。这种提取物既不能防止阿尔茨海默病的发生，也不能减缓该疾病的发展，它甚至无法减缓与正常衰老相关的认知功能退化。同时，其他植物提取药物，比如圣约翰草精华（旨在治疗抑郁症）也没有什么疗效。听了我的这番话后，学生垂头丧气地离开了。“最有效的方法就是睡一个好觉！”我朝着他的背影大声喊道。

为什么这些不靠谱的宣传竟然能够忽悠像我学生这样的聪明人呢？首先，营养学研究真的非常非常难做，而且科研经费往往不足。为了证明某种食物的有效性，科研人员需要进行长期严格的随机科学试验，但是研究过程却经常因种种原因中断。其次，大多数食物在分子层面异常复杂（红酒的成分有300多种），这样很难分辨出到底是哪种成分对健康有益或有害。

人体加工食物的方式更加复杂。对同一种食物来说，不同的人具有不同的代谢方式：有些人吃纸就能吸收热量，而另一些人就算是泡在牛奶里也不会变胖；有些人将花生酱作为蛋白质的主要来源，而另一些人哪怕只是闻到一丁点儿花生的味道也会过敏。令该领域研究者感到无比受挫的是，由于个体差异很大，没有一种饮食结构能够做到对所有人的健康都有益，对孕妇尤为如此。

神经元与 Ω-3 脂肪酸

所以，目前只有两种补充剂被证明有益于胎儿的大脑发育：其中一种是叶酸，需要在怀孕初期服用；另一种是 Ω-3 脂肪酸，它是神经元细胞膜的重要成分，少了它，神经元就无法正常运行。人体合成这种脂肪酸的能力不强，所以需要从外界补充。食用鱼类，特别是多油的鱼类是一个不错的选择。研究显示，如果摄入的 Ω-3 脂肪酸数量不足，那么人们患上阅读障碍、注意力缺陷障碍、抑郁症、躁郁症，甚至是精神分裂症的风险都会显著增加。大多数人能从日常饮食中获取足够的 Ω-3 脂肪酸，所以一般来说，这不是什么大问题。但我们需要充分意识到，神经元的正常运行离不开 Ω-3 脂肪酸。

如果适量的 Ω-3 脂肪酸能够预防精神疾病，那么摄入大量此类脂肪酸能否提高成年人，特别是孩子的智力呢？我们手头的证据既有支持的，也有反对的。不过一些研究显示，这个问题仍值得进一步探讨。哈佛大学的一项研究对 135 个婴儿及其母亲在孕期内的饮食习惯进行了调查，**研究者发现，在孕期第 4 ～ 6 个月食用更多鱼类的母亲生下的孩子更加聪明。**这里所说的“更加聪明”是指出生后 6 个月大的婴儿在有关记忆力、辨识能力和注意力等认知测试中取得了更好的成绩。虽然多吃鱼的效果不是很明显，但它确实存在，所以研究者建议孕妇每周至少食用 0.34 千克鱼肉。

可是我们知道，鱼的体内有汞，而汞可能损害认知能力。那么，多吃鱼就没坏处吗？总体来看，坏处远少于好处。研究者建议，孕妇应多吃汞富集程度较低的鱼（如三文鱼、鳕鱼、黑线鳕、沙丁鱼以及罐装小型金枪鱼），而尽量少吃寿命较长的捕食性鱼类（如剑鱼、鲭鱼和长鳍金枪鱼）。

我们必须时刻遵循金发姑娘原则：对于有益健康的食物，既不要吃太少，也不要吃太多。其他的建议没啥帮助。

避免过度压力

如果孕妇住在 1998 年 1 月 4 日那天的加拿大魁北克，那她的日子可不太好过。那段时间加拿大东部一连下了 80 多个小时的冻雨，此后地表温度急剧下降，恶劣的天气把那里变成了一个冰封的地狱。由于不堪冰块的重压，1 000 多座电缆高塔像多米诺骨牌一样接连倒塌，也有隧道崩塌，30 人不幸遇难。加拿大政府很快就宣布国家进入紧急状态，军队也开赴灾区实施救援。即便如此，数千居民还是断电达数周之久，房子就像冰窖，无比寒冷。孕妇无法去医院接受例行孕检，甚至必须在家里分娩，这不仅让她们承受着巨大的压力，连肚子里的孩子也受到了不良影响。即便是许多年后，我们也能从这些孩子身上发现那次恶劣天气留下的痕迹。

我们是怎么知道那场灾难留下了严重的后遗症呢？当时有一群研究人员决定调查这场自然灾害对胎儿造成的影响，在孩子出生后，他们进行了跟踪，其结果让人不寒而栗。这些孩子长到 5 岁大的时候，他们的行为与正常孩子相比出现了显著差异：即便剔除了父母的学历、职业和收入这些影响因素以后，这些孩子的智商水平依然较低，语言发展迟滞。母亲当年所承受的压力是导致这一恶果的罪魁祸首吗？答案是肯定的。

孕妇感受到的精神压力的确会对胎儿的发育产生负面影响。虽然我们以前并不相信，有一段时间甚至不能肯定孕妇的压力激素是否会进入胎儿体内，但这些激素确实会影响胎儿发育，特别是当孕妇长期或在孕晚期的几个月里承受着巨大压力时。那么，后果到底有哪些呢？

如果你在怀孕的时候压力重重，那么：

- 会影响孩子的性格。孩子出生后会变得易怒，难以安抚。
- 孩子的智力会下降。如果在孩子一岁前用特定的智力和运动量表对他们进行测试，其智商平均值会下降 8 分。根据韦氏智力量表的标准来判断，这个差值就是较高智商与平均智商的区别。
- 孩子未来的运动技能、注意力集中能力以及时长都会受到不利影响，甚至到孩子 6 岁大的时候，这种影响依然可以被观察到。此外，孩子的压力反应系统也会受到损伤。
- 孩子的脑容量会因孕妇的压力过大而减小。

有研究者对 100 项在经济发展水平不同的国家所做的相关科学实验进行了综合分析，结果发现，孕妇压力对胎儿发育造成的不良影响都得到了证实。戴维·拉普兰特（David Laplante）是加拿大冻雨影响研究的负责人，他审慎地说："我们怀疑，高度精神压力或许改变了胎儿的神经发育过程，进而改变了婴幼儿的神经行为能力。"

上述信息是否让你备感焦虑呢？幸运的是，并非所有压力都会产生负面影响，少量适度的压力对胎儿发育是有利的。子宫的结构很稳固，无论是它本身还是里面搭载的小乘客，都为应对孕期的各种压力做好了准备，只是别忘了它们承受不了持续猛烈的攻击。那么，哪些压力有害，哪些有益呢？

三种有害的压力

研究者总结出三种有害的压力，它们有一个共同点，就是让你在面对危险的时候感到束手无策。当压力程度加强、时间延长的时候，这种无法掌控局面的感觉就会伤害胎儿，造成不良后果。具体如下：

- 过于频繁的压力。长期的、不间歇的压力会损害胎儿的大脑发育。此类压力未必很大，但是孕妇所感知到的压力源却持续存在而且不受控制。造成此类压力的因素包括繁重的工作、慢性疾病、社会支持的缺乏，以及贫穷。
- 过于沉重的压力。对于孕妇的沉重打击会损害胎儿的大脑发育。除了恶劣天气以外，人际关系的重大变故，如夫妻分居、离异，亲人去世（特别是丈夫）都会给孕妇造成巨大压力。此外，失业和遭受暴力侵犯也有相同的效果。关键点依然是局面无法掌控。
- 对个人而言难以承受的压力。许多年来，心理健康专家一直很清楚，同样一件事情会对不同的个体造成程度不同的压力。如果抗压能力不强，那么子宫也是如此。越来越多的证据显示，个体抗压能力是遗传的。对压力非常敏感的孕妇应该尽可能避免将自己暴露于各种压力源之下。

老鼠压力实验

科学家做了很多研究来了解孕妇压力对胎儿大脑发育的影响。他们一开始从细胞和分子的层次来探究，这一研究领域的先驱是现代应激（压力）概念的创造者汉斯·塞里（Hans Selye）。年轻的塞里将包含活性压力激素的“内分泌腺提取物”磨碎，并将其注入实验鼠以观察它们的行为，可是他笨手笨脚的，做实验的时候一点儿也不利索。

进行注射操作的时候，可怜的小老鼠经常会逃脱，于是他不得不拿着扫帚，在实验室里追着老鼠到处跑，想把它们赶回笼子里。结果老鼠一看到他就变得很紧张，后来仅仅是塞里的出现就足以让老鼠产生焦虑。塞里给实验组的老鼠注射了内分泌腺提取物，给控制组的老鼠注射了盐水。结果却发现，两组老鼠都长了溃疡并出现失眠，而且抵抗力下降。这让他感到困惑不已。

在进行了更多观察之后，他认为是焦虑导致了这一结果。他发现，如果老鼠无法消除压力源，或者无法应对压力，它们就会得病，甚至发生其他不良的后果。为了描述这一现象，塞里创造出了“应激”这个词，也就是我们常说的“压力”。

塞里的睿智让他发现了看得见的行为与看不见的分子过程之间存在着不可思议的联系。他的研究让科学家开始调查压力感知对生理组织产生的影响，其中就包括对于大脑发育的影响。我们现在之所以知道压力激素会影响神经组织（包括胎儿）的发育，都要感谢塞里做出的杰出贡献。虽然这些研究大多数是用实验鼠做的，但许多结论同样适用于人类。

皮质醇是一种重要的压力激素，它是糖皮质激素分子中心的头号明星。这类激素控制着我们最常见的一些压力反应，例如心跳加速或被吓得屁滚尿流。糖皮质激素非常强大，以至于大脑为此进化出一套自然的“刹车”系统：只要压力源一消失，这套系统就会自动启动以抑制糖皮质激素的产生。在人类的中脑里有一个像豌豆大小的结构，叫作下丘脑，它控制着激素的功能。

压力反应系统

孕妇的压力激素会穿过胎盘，进入胎儿的大脑，就好像预先设定好目标的巡航导弹一样。本书所阐述的一条大脑规则是：**紧张的妈妈会生下压力重重的孩子。**上述生理过程就是该规则的基础。

此类激素的攻击对象有两个，第一个是胎儿的边缘系统，该区域与情绪调控和记忆能力关系密切。如果压力激素过量，这一区域的发育就会变得缓慢。

因此，孕妇在经受严重的或长期压力时，胎儿的认知能力会受损，这是一个重要原因。

第二个攻击对象是刚才提到的刹车系统，就是当压力源消失后用来平息糖皮质激素作用的那套系统。如果来自母亲的压力激素过多，那么胎儿就很难关掉自己的压力激素系统。他的大脑浸泡在浓度很高的糖皮质激素之中，压力反应系统会遭到损伤。孩子长大后可能一碰到压力就难以平复，高水平的糖皮质激素会成为他日常生活的一部分。这类女孩长大后如果也怀孕了，那么胎儿脑内的压力激素水平也会偏高，导致下丘脑的功能失调，进而释放更多的糖皮质激素。这样，她们子女的脑功能会进一步受损，恶性循环就这样不断进行下去。

积极释放压力

显然，过多的压力对孕妇和胎儿都不好。为了孩子大脑的健康发育，你应该给自己创造一个压力较小的环境，特别是在孕期的最后几个月。当然，如果无法改变现状，那么至少你可以在丈夫的关爱下减轻一部分压力，我们将在下一章深入讨论这一话题。你还可以找出生活中让你感到无法控制的领域并想办法夺回控制权。在某些情况下，这意味着放弃一些东西，从而刻意远离压力重重的环境，但你的勇气能够换回孩子一生的幸福。

积极释放压力的方法有很多，其中之一就是锻炼。适度锻炼的好处太多了，所以我们接下来就好好聊一聊锻炼的作用。

适度锻炼

我总是惊叹于角马的生命周期。在坦桑尼亚、肯尼亚的广袤平原和空旷林地上，它们每年都要进行极为壮观的迁徙，成千上万头角马默默地跟着头马不停前行。长征是为了寻找新的草地，同时避免猛兽的捕杀，毕竟每一头角马都是长了 4 条腿的美味肉排。

由于角马群行色匆匆，所以它们如何怀孕产仔就成了一个非常有趣的问题。角马的孕期有 260 天，几乎和人类的孕期一样长，但从孩子降生的那一刻起，我们和角马就没啥共同点了。母角马分娩得很快，而且在没有并发症的情况下能够迅速恢复。小角马也是一样，通常在出生 1 小时后就能够站起来，为了生存它们必须这么做。虽然小角马是整个种群的未来，但也是最脆弱的一个群体，因为豹子总是虎视眈眈地盯着它们。

在人类青少年时期，我们的祖先也在这片大草原上生活，也要面对身手敏捷的捕食者，但就生育和养育后代而言，我们和角马存在着巨大差异。孕妇产后恢复得很慢，而且婴儿差不多要等到 1 岁大的时候才会走路。进化史还告诉我们，运动同样是人类祖先生活的重要组成部分，即便是在孕期。人类学家称，我们的祖先每天大约要行走 20 千米。

健康的妈妈容易顺产

这是否意味着孕妇也应该锻炼呢？答案是肯定的。锻炼的第一个好处就是有利于分娩。许多孕妇说分娩既是她们这辈子最兴奋的时刻，同时也是最痛苦的时刻。与肥胖的孕妇相比，经常锻炼的孕妇更容易顺产。分娩的第二阶段是很痛苦的，孕妇要竭尽全力将胎儿推出产道。对身体较好的孕妇来说，这一过程平均维持 27 分钟，而身体较差的孕妇则需要煎熬 1 小时甚至是更长时间。毫无疑问，前者遭受的痛苦小得多。

此外，由于分娩第二阶段的时间大幅缩短，胎儿不太会因为缺氧而遭受脑损伤。如果你希望自己在生孩子的时候少吃点儿苦头，那么就应该适度锻炼，保持身体健康。这也是祖先传给我们的宝贵经验。

锻炼有利于抗压

与肥胖的孕妇相比，体重标准的孕妇更容易生下聪明的孩子，原因有二。首先，锻炼特别是有氧运动，可能有益于胎儿的大脑发育，这一结论还需要更多研究的证实；第二个原因更可信，有氧运动有助于减压。

某些运动能够帮助孕妇免受压力的负面影响。不知道大家是否还记得那些入侵神经组织，从而造成脑损伤的糖皮质激素？有氧运动有助于增加脑内一种分子的数量，这种分子能够削弱糖皮质激素的破坏作用，我们叫它脑源性神经营养因子。这种分子的数量越多，人体压力水平就越低，子宫内糖皮质激素的水平也就越低，胎儿的大脑发育也就越顺畅。

所以，身体健康的孕妇更有可能生下聪明的孩子，孩子的智商水平有可能更高。

不要过度运动

不过运动也要注意适度。胎儿可以感受到母亲的运动，并对其做出反应。如果孕妇心跳加速，那么胎儿也会心跳加速，呼吸频率也是如此。如果孕妇锻炼过度，特别是在孕期后半段，那么胎儿的心率和呼吸频率会下降，供血也会减少，供氧则成为问题，十分不利于大脑发育。此外，孕妇子宫也会过热，宫内温度上升 2 摄氏度就可以导致流产风险增加，胎儿的脑部和眼部发育也会受到不利影响。在孕期最后 3 个月，孕妇的氧储备已经非常少，所以她们应该尽量减少太费体力的运动，为分娩做好准备。此时游泳是最佳选择，池里的水还能够吸收子宫内多余的热量。

所以，适度地、有规律地进行锻炼很重要。对大多数女性来说，这意味着锻炼时的心率不超过最高心率（每分钟 220 减去你的年龄）的 70%。并且随着预产期的临近，孕妇应该在坚持锻炼的前提下适当减少运动量，但必须坚持锻炼。美国产科医生学会建议，没有产科或其他并发症的孕妇每天至少应该锻炼半小时。

即使我们不是角马，这也是个不错的建议。

也许你还没有养成每天锻炼的好习惯，也许你正在为多喝了一杯咖啡而感到对不起肚子里的孩子。不需要每天都胆战心惊。人类成功繁衍后代已达 25 万年之久，即便对上述知识一无所知，我们的祖先也成功地养育了无数后代。你的一些刻意举动，比如在肚子上敲击摩尔斯电码，对于胎儿的发育来说真没啥作用。

温馨回顾

- 孕期前半段，胎儿喜欢清静。
- 大家不要购买那些声称能够提高胎儿智力水平、改善胎儿气质及性格的产品，它们的功效尚未得到证实。
- 孕期后半段，胎儿开始感知和处理大量感觉信息，他们能够闻到你香水的味道和比萨饼的奶酪味。
- 孕妇可以用 4 种方法来促进胎儿脑发育：保持适当的体重，均衡饮食，适度锻炼，减压放松。

Brain

Rules for Baby

第2章 快乐的婚姻成就健康的孩子

大脑规则

幸福的婚姻孕育幸福的孩子。

大脑最在乎的就是安全。

你看到的只是你想要看到的。

在把大儿子乔舒亚从医院接回家的路上，我既兴奋又紧张。这是我和妻子第一次把孩子放在车座上，我们不停地向上帝祷告，希望自己把婴儿座绑得牢牢的。一路上，我把车开得很慢，对我来说这可是平生头一回。妻子坐在后面看着孩子。还好，一路平安。

我们刚一进门，小家伙就一脸怒气，开始尖声哭闹。我们给他换了尿片，但他还是不停地哭。妻子给他喂奶，他吃了一两口便又哭了起来，而且还扭动身子，想要挣脱妈妈的怀抱。这一幕在医院里并没有发生。难道是我们做错了什么？我和妻子轮番抱起孩子，哄他入睡。最终他安静了下来，似乎是睡着了，这下我们悬着的心才放了下来。“我们能够搞定的。”我和妻子不停地安慰自己。夜已经很深了，我们打算上床休息。

不幸的是，连枕头还没沾上，孩子便又哭闹了起来。妻子起身给他喂奶，然后把孩子递给了我。我轻拍他的背，让他打嗝，然后给他换了尿片，最后把他放回婴儿床里。待孩子平静后，我们又爬回到床上。可是被窝还没热，乔舒亚便又大哭起来。妻子之前生孩子已经折腾了 21 小时，此时她已经筋疲力尽了。于是，我万般无奈地下床，继续抱起孩子哄他睡着。他渐渐平静下来，大功告成！就在我刚钻进被窝的时候，哭声再次响起。我使劲用毯子蒙住头，希望孩子能够自己入睡，但奇迹并没有发生。我到底该拿这个小家伙怎么办呢？

自此以后，我们没日没夜地被小家伙折腾来折腾去。我很爱自己的孩子，有时却禁不住问：到底是什么让我鬼迷心窍想要个孩子？谁会知道这么可爱的小生命竟然那么难伺候！我终于意识到，自打孩子出生后，生活的方程式就被改写了。我很精通数学，却给不出题目的答案，我实在不知道如何解决这些问题。

对于刚生下孩子的夫妻来说，最难适应的可能就是无休无止的折腾。孩子需要什么，父母付出什么，就是这么简单。但出乎意料的是，生活质量特别是婚姻质量会因此急速下降。孩子要吃要睡，会哭会闹，还要人给他换尿片，父母们要一直忙到凌晨 4 点才能小睡一会儿，随后便要强打精神去上班了。这种苦日子一旦开始，便很难在短期内结束。小夫妻们只想寻求一丝安宁，想给自己留下一点点空间，但是，就连这么一点儿小小的要求都已经变成了奢望，哪怕是在上厕所的时候，都可能要随时待命。就这样，睡眠被剥夺了，好朋友疏远了，家务增加了 3 倍，性生活就更别提了，夫妻连互相问候的精力都没有了。

如果有人告诉你，夫妻感情会随着孩子出生而遭到破坏，你会觉得奇怪吗？

人们很少说到这个问题，但实际上，在孩子出生后的一年里，夫妻吵架的次数大幅增加。有时候，在特定激素的作用下，父母和新生儿会进入一段蜜月期。即便如此，情况也有可能迅速恶化，小夫妻之间的敌意日益增长，有的婚姻甚至因此而破裂。

为什么我会在一本有关孩子大脑发育的书里说这些呢？因为这些事情与婴幼儿的大脑发育密切相关。我们在前一章已经得知，胎儿对外部刺激极为敏感。一旦他们离开了温暖湿润的子宫，大脑会变得更加脆弱。持续暴露在紧张之中会让孩子的智商和压力应对能力受到损害，有时这种程度会非常严重。婴儿对照料者稳定性的要求是极高的，他会根据感知到的纷扰重新连接正在发育的神经系统。如果你想让孩子的大脑发育健全，就必须端正养育子女的态度，做好充分的心理准备。

在我举行讲座的时候，父亲们（总是父亲）忙不迭地让我说说怎么才能让孩子上哈佛大学，此类问题通常会激怒我。我大声吼道："你想让孩子上哈佛大学？你真的想知道研究数据怎么说？让我来告诉你：回家好好疼爱妻子！"本章的主题是：夫妻感情为何会恶化？这一变化会对婴儿大脑发育产生何种影响？我们可以做些什么来消除这些不利影响？

生儿育女的负面影响

大多数夫妻在准备生孩子的时候不会料想到会发生这一幕，毕竟，我们总认为孩子能带给我们无穷无尽的快乐。许多人都秉持这种理想化的观点，特别是成长于 20 世纪 50 年代末期的人们，当时传统的婚姻家庭观盛行于世。在《反斗小宝贝》（*Leave It to Beaver*）和《乌奇与哈里特》（*Ozzie and Harriet*）这样的电视剧里，在外赚钱的父亲总是聪明能干的，在家照顾孩子的母亲总是温柔贤惠的，孩子们也都是伶俐乖巧的，就算他们偶尔捅了娄子，所有的问题也能够在 23 分钟内解决。电视剧描绘的往往是白人中产家庭的生活，但故事却与现实大相径庭。

著名社会学家勒马斯特（E. E. Lemasters）给人们浇了一盆冷水。1957 年，他发表了一篇论文，指出有 83% 的夫妻在生下第一个孩子后经历了中度或重度婚姻危机。在孩子降生后的头一年里，夫妻间的关系变得非常紧张，他们大多经历了艰难时刻。

这一结论在人群中炸开了锅。在研究结果出炉之前，很多人都觉得孩子会给婚姻增添幸福而非带来冲突，甚至认为孩子能够挽救不幸的婚姻，但勒马斯特的数据却残酷地指向截然相反的现实。他因此遭到了众人的严厉批驳，一些学者甚至在私下里怀疑他编造数据。

但实际上，数据都是真实的。在此后的许多年里，科学家用更加严格的方法（包括一些长时间跟踪被调查对象的纵向研究）证明了他的结论是正确的。到 20 世纪八九十年代后期，在 10 个工业化国家（包括美国）进行的调查显示，大多数夫妻在生下第一个孩子后婚姻满意度下降，并且这种下降趋势将持续 15 年，直到孩子长大后离开家庭。

我们现在知道，这是夫妻从二人世界向三口之家过渡必经的磨难。夫妻感情在孕期最后 3 个月达到巅峰，随后便一路下滑，在孩子出生后的第一年里，婚姻满意度将下降 40% ～ 67%。近期有研究对夫妻生活的其他方面也进行了调查，结果显示婚姻满意度下降幅度竟高达 90%。在这 12 个月里，用来衡量夫妻冲突的敌意指数却大幅飙升；无论是丈夫还是妻子，患抑郁症的风险都显著增加。实际上，有 1/3 到 1/2 的夫妻关系急剧恶化，甚至到了必须接受临床心理干预的程度。首先对婚姻感到不满的往往是妻子，这种不满情绪随即传递给丈夫。《家庭心理学杂志》（*Journal of Family Psychology*）刊载的一篇研究论文这样写道：“总之，**新生儿的降生会加速夫妻关系的恶化，即便是那些关系较好的、主动选择生孩子的夫妻也不例外。**”

一位英国律师回忆了一个典型的离婚案件。艾玛的丈夫酷爱足球运动，是“红魔”曼联队的铁杆球迷。她对丈夫的不满因为孩子的降生而加剧，艾玛坦言，这是她下决心离婚的一个重要原因。她的丈夫答道：“我不得不承认，如果给我 10 次机会，有 9 次我会选择去看曼联队的比赛，而不是和老婆过性生活，但这并不代表我不尊重她。”

综上所述，夫妻对是否要孩子这个问题应该进行认真的心理评估，不想要孩子的夫妻应该自愿接受绝育手术。那么，初为父母者应该如何应对上述困难呢？

希望的种子

希望还是有的。在向三口之家过渡的阶段，夫妻间冲突的主要原因有 4 个：睡眠不足、社交隔离、劳动分配不公和抑郁，我们将逐一分析这些原因。知道这些诱因的夫妻能够对自己的行为有所警觉，所以他们可以较好地处理两人间的冲突。我们还知道，并不是所有人都碰到了上述麻烦。感情基础牢固的夫妻在孩子降生后的头一年能够顶住巨大的压力，那些事先已对生孩子做了较为充分思想准备的人也表现得更好。实际上，要想知道一段婚姻是否会因为孩子的出生而遭受重大打击，我们只需了解一下夫妻双方是否都愿意要孩子就行了。

一项大型研究对两类夫妻进行了调查：一类双方都想要孩子，另一类只有一方想要孩子。调查结果显示，前者很少因为孩子的出生而离婚，婚姻质量维持原状，甚至有所提高；而那些矛盾重重的夫妻（通常是丈夫无法再忍受婚姻）在孩子 5 岁前就分居或离婚了。

这些数据来自先前提到的那项刊载在《家庭心理学杂志》上的研究。我刚才只引用了这篇论文的部分结论，即“新生儿的降生会加速夫妻关系的恶化，即便是那些关系较好的，主动选择生孩子的夫妻也不例外”。而另一半是这么说的：“事先做好充分准备以及夯实感情基础通常有助于夫妻抵御这些不利影响。”

不同夫妻受到冲击的程度是不一样的，一些人甚至不受影响。但正如勒马斯特的研究所显示的那样，不受影响的夫妻毕竟是少数，这些影响对社会造成的后果很值得进一步研究。研究者又提出这样的问题：“第一个孩子降生后，夫妻都为哪些事情争吵？冲突对婴儿又会产生哪些影响？”

安全感第一

研究者发现，婴儿的情感生态能够对其神经系统的发育产生深远影响。为了了解这一点，我们必须好好聊聊婴儿对生长环境极为敏感这一现象，这种敏感性具有很强的进化根源。

首先进行此类研究的是威斯康星大学麦迪逊分校的哈里・哈洛（Harry Harlow）。虽然他是通过观察猴子行为得出结论的，但这些结论同样适用于婴儿，这说明上述现象能够追溯到进化史的早期阶段。

哈洛设计了一系列具有突破性的实验，他的研究对象是恒河猴。由于这些实验过于残酷，因此促使了动物保护运动的诞生。在实验中，可怜的小猴子要在密室中与铁丝做的“代母猴”为伴。哈洛倒是用生动的语言来描述自己的实验，他把隔离室称为“绝望窝”，而把假母猴称为“铁娘子”。不过，哈洛通过实验发现了婴儿的情感依恋现象，这些成果后来又为研究父母压力对婴儿行为的影响奠定了基础。

在哈洛的经典依恋实验中有两个像布娃娃一样的假母猴，其中一个的表面是又硬又凉的铁丝，另一个的表面则是柔软的绒布。哈洛将刚出生的小猴从母猴身边夺走，并把它们放入装有上述两个假母猴的笼子里。两个假母猴的身上都绑着奶瓶，所以小猴可以在它们身边吃奶。虽然小猴会靠近“铁丝妈妈”吃奶，但它们更愿意爬上表面覆盖着绒布的假母猴，并依偎在它的“怀抱”里。如果实验人员把小猴转移到一个陌生的房间，它就会紧紧抓住绒布做的“妈妈”，直到感觉安全后才放手。如果此时没有“绒布妈妈”相伴，小猴便会紧张得一动不动，然后开始尖叫，并来回走动，似乎在到处寻找自己的母亲。

无论实验重复多少遍，或做何细节修改，小猴的反应始终不变。我看过关于这些实验的影片，实在让人心碎。令这些小家伙感到安慰的并不是食物，这与当时流行的观点相左，小猴是否有安全感取决于身边有没有那个“绒布妈妈”。

婴儿虽然比小猴复杂得多，但他们渴望的东西是一样的。

有样学样的孩子

婴儿会根据自己的安全感来调整发育进程。乍一看，婴儿似乎每天忙于一些日常的生理过程，吃了又拉，还会把口水吐在你的衬衫上。这让许多研究者误以为婴儿根本不会思考，所以用“白板”这个词来描绘婴儿“空空如也”的大脑，他们仅把婴儿看作无助、可控，且具有人类潜能的小可爱。

现代研究的观点与此截然相反。目前我们已经知道，婴儿时期最重要的生理发育与他们的大脑有关，在这套神经“硬件”中预装了许多“软件”，其中有许多和学习有关。大家是否想听一些出乎意料的事例？

安迪・梅尔佐夫（Andy Meltzoff）是华盛顿大学的心理学家。1979 年的一天，梅尔佐夫向一个出生仅 42 分钟的婴儿吐舌头，然后静静地坐在一边，观察婴儿的反应。经过一番努力后，婴儿也吐出了自己的舌头。于是，梅尔佐夫又向婴儿吐舌头，婴儿随即再次回应了他。梅尔佐夫发现，婴儿一生下来（至少是在出生 42 分钟后）就能进行模仿。这一发现意义非凡。模仿可是一个涉及许多复杂认知能力的过程，除了意识到世上还有其他人存在之外，婴儿还必须意识到自己身体的各个部分能够活动，而且这些活动的部分与其他人相似。这可不是一块“白板”能够做到的！由此我们得知，婴儿的大脑是一部完全可以正常运作的认知机器。这是多么不可思议啊！

得到启示的梅尔佐夫随后又设计了一系列实验，他想搞明白婴儿的先天学习能力到底有多强，在学习过程中对外界影响的敏感性到底有多强。于是他做了一个木头盒子，上面镶有一块橙色面板，盒子里面装有一个灯泡。如果触碰面板，盒子里的灯就会亮起。

梅尔佐夫将盒子放在自己和一个 1 岁大的孩子之间，然后做了一个不寻常的动作：他身体前倾，并用自己的额头触碰盒子顶部的面板，盒子里的灯泡随即亮起，但孩子不可以触碰盒子。在孩子看完这个动作后，她的妈妈就把她抱走了。一周后，这对母女再次回到实验室。梅尔佐夫又把盒子放在自己和孩子之间。不过，这次他什么都没做，只是静静地观察。这时，孩子毫不犹豫地用自己的额头触碰了面板，就好像一切都是事先安排好的一样。由此可见，孩子只观察了一遍就记住了梅尔佐夫的动作，并且在一周后重复了这个动作。不只她，世上的孩子都能做到。

包括上面这两个实验在内的许多事例都说明孩子生来就具有一系列神奇的认知能力，而且还具备许多有助于拓展这些能力的小窍门。他们知道距离的远近会改变物体看起来的大小，但其实际大小并不会因为距离的远近而发生变化。他们能预测物体的运动速度，还能理解共命运原理，比如篮球上的条纹会随着跳动的篮球一起运动，因为条纹是篮球的一部分。孩子一生下来就能辨识出人脸，而且更喜欢人脸。从进化的角度来看，后面这一特性对孩子的安全来说意义重大，因为在人生的很大一部分时间里我们都要从面部表情中获取信息，并借此进行交流。

孩子是如何在出生前就掌握这些本领的呢？没人知道答案，但他们的确具备这种神奇的能力，并且能够迅速、有效地使用这些能力。孩子自己设定假设，然后检验假设，随后便像老到的研究者一样不停地重新评估自己的发现。这一切都说明孩子是求知欲极强的快乐学习者，他们对任何事物都感兴趣。

有这么一个有趣的故事。一个儿科医生开车送自己3岁大的女儿去幼儿园。她把听诊器放在了后座上，于是她女儿便把玩起这个“玩具”，结果竟然正确地戴上了听诊器。医生欣喜不已，看来女承母业有望了。随后，女儿把听筒凑近嘴巴，大声说道：“欢迎光临麦当劳，您需要点餐吗？”

是的，**孩子会不停地观察父母的一举一动，他们所观察到的一切都会对其成长产生深远影响。**这种影响有时会给你带来乐趣，但有时又会给孩子的人生造成严重恶果，特别是当父母关系不和的时候。

依恋关系带来安全感

如果孩子的大脑最看重的是生存，那么安全感就是其首要追求目标，这是哈洛的实验带给我们的启示。由于孩子的生存完全依靠父母来满足，所以他们将安全感放在第一位也就不足为奇了。

孩子如何应对此类担忧呢？他们会试图与大权在握的父母迅速建立稳定的关系，我们称其为依恋。在依恋关系建立的过程中，孩子会十分关注自己得到的照料——“我是否能得到爱抚？是否能吃饱穿暖？谁最能给我安全感？”如果孩子的基本需求得到满足，他的大脑就会照这个模式发育；若不然，基因则会启动另一套不同的发育计划。实际上，自打孩子降生起，父母的一言一行都逃不过孩子的眼睛。意识到这一点或许会让父母感到些许不安，但从进化的角度来看，孩子之所以这么做只因为有利于生存，否则又能怎么办呢？他们必须依赖父母的照料才能长大。

依恋关系和安全感建立的窗口期长达几年。如果孩子的大脑没有如期建立起情感依恋和安全感，那么情绪系统就会受到长期损伤；在极端情况下，这种消极影响会伴随他们一生。

我们之所以知道这些，是由于罗马尼亚在 20 世纪六七十年代发生的悲剧。为了促进人口增长，齐奥塞斯库下令禁止避孕和堕胎，并且要求 25 岁以上没有孩子的公民纳税，无论他们是否结婚，是否有生育能力。虽然人口出生率提升了，但穷人和无家可归者的人数也随之上升，甚至常常出现弃婴。齐奥塞斯库的应对之策是大量建立国家孤儿院，将成千上万的孤儿收容其中。

由于罗马尼亚债台高筑，齐奥塞斯库将本国的大多数粮食和产品都用于出口还债，所以孤儿院很快就失去了各种资源，景象惨不忍睹。许多孩子被绑在床上，数小时，甚至数日都没人照顾。看护人员往奶瓶里装上稀粥，然后把奶嘴塞进他们的小嘴里，让他们自己吮吸，随后便长时间不予理睬，许多婴儿就呆呆地望着天花板。实际上，这些规模不小的孤儿院常常是静悄悄的，根本听不见孩子的哭闹声。孩子的床褥上往往满是屎尿，上面还有很多跳蚤。在这些机构中，孩子的死亡率高得惊人，一些西方人将其称为“婴儿集中营”。

上述情景非常可怕，但它也让我们有机会在现实中调查受到严重创伤的大批孩子，并对其采取治疗措施。一些加拿大家庭收养了一部分孤儿并带回加拿大抚养，有研究就以这些孩子作为调查对象。研究发现，随着年龄的增长，这些孩子清晰地被分为两类：一类非常稳定，无论是社会行为、压力反应、学习成绩，还是健康状况，都和一般的加拿大儿童无异；但另一类孩子却遇到了大麻烦，他们更容易发生进食问题，更容易生病，而且越来越容易表现出具有攻击性的反社会行为。导致这两组孩子巨大差异的因素是什么呢？那就是孩子被收养时的年龄。

如果孩子被收养时不到4个月大，那么他们后来就能够和正常孩子一样成长发育。但如果孩子被收养时已经超过了8个月，那么他们长大后就有可能变成问题儿童。在婴儿期的特定阶段无法建立稳定的依恋关系显然给孩子的各个系统都造成了极大的情感压力，等孩子长大后，他们的行为会受到这些压力的影响。不错，这些孩子的确很早就离开了可怕的孤儿院，但永远都无法得到真正的精神自由。

婴儿如何应对压力

压力所做的是启动人们的“战斗或逃跑”反应，其实更应该被称为“逃跑”反应。人类的典型压力反应只有一个目标：向肌肉群注入充足的血液以摆脱威胁。通常情况下，我们只有在被逼得走投无路时才会奋起反击，即便如此也不会恋战，只要赢得了足够的时间，我们还是会首选逃跑。当受到威胁的时候，大脑会下令释放两种激素——肾上腺素和皮质醇，都属于糖皮质激素。

这些反应非常复杂，以至于神经系统需要花费不少时间来协调各部分的机能。婴儿出生后头一年的主要任务就是发展和完善这一功能。**如果婴儿生活在一个温馨的家庭里，父母能够给他安全感，那么婴儿的压力反应系统就能健康发育。**不然的话，正常的压力应对过程就会失效，孩子要么始终高度紧张，要么彻底崩溃。

如果婴儿身处的社交环境充满了愤怒，且动荡不安，那么他那脆弱的压力反应系统就会变得过于敏感，我们将这种情况称为皮质醇增多症。但如果婴儿无人照料，就像在罗马尼亚孤儿院里所发生的情况那样，婴儿的压力反应系统就会变得迟钝，我们将这种情况称为皮质醇低下症。就像摇滚乐手布鲁斯·斯普林斯汀（Bruce Springsteen）所唱的那样：生活可以变成一场永无止境的危机。

夫妻争吵破坏婴儿大脑发育

如果想让婴儿的大脑发育出问题，不必将他扔进集中营，你只需让孩子的父母每天一醒来便拳脚相向就行了。夫妻感情不和完全有能力破坏婴儿的大脑发育过程，这些副作用是长期的，会严重影响孩子长大后的行为，尽管学者对此尚不能达成一致结论。这非常令人遗憾，因为不幸本可以避免：如果孩子的年龄小于 8 个月，即便他的原生家庭环境极度恶劣，我们只需将他交给关系和睦、富有爱心的家庭收养，那么不出 10 周，婴儿的压力激素调控功能就会显著改善。

如若不然，又会发生什么事情呢？每个父母都知道，如果看见父母争吵打架，孩子会变得非常紧张。不过，婴儿具备的这种反应能力让研究者出乎意料。如果父母不和，6 个月不到的婴儿就能发现情况不妙，生理指标也会相应发生变化，如血压升高，心跳加速，压力激素分泌，这些反应和成年人是一样的。一些研究者声称，只需 24 小时连续监测婴儿的尿样就能判断其父母关系的和谐程度。

压力还会体现在行为表现之中。在恶劣家庭环境中长大的孩子不善于积极面对新刺激，他们较难让自己平静下来或释放压力。简言之，他们不善于调节自己的情绪。就连双腿有时也无法正常发育，因为压力激素会干扰骨矿化过程。当这些孩子长到 4 岁大的时候，其压力激素水平是正常孩子的 2 倍。

虽然婴幼儿常常不知道父母为什么吵闹，但他们很清楚家里出了状况。如果父母的关系持续紧张，那么孩子在上学后就会表现出更多的反社会和攻击性行为。他们的情绪调节问题依然存在，而新的人际关系有可能让这一问题变得更加复杂；他们不太能集中注意力，也没有什么办法来安慰自己的情绪。这些孩子的身体健康状况更差，容易感冒，而且更容易抑郁和焦虑；他们的智商平均比正常孩子低 8 分，因此更不容易完成高中学业，成绩也较差。

实在过不下去的夫妻就会离婚，这将深深伤害孩子的心灵，给他们造成深远的负面影响。来自离异家庭的孩子在 14 岁前滥用药物的比例比正常孩子高 25%，他们更可能未婚先孕，而且离婚率是平均值的两倍。在学校里，他们的成绩更差，而且更难得到升入大学的财力支持。在正常家庭中，88% 的孩子会一直得到家庭支持；而对离异家庭的孩子来说，这一比例锐减至 29%。

如果你想让孩子上哈佛大学的话，现在知道该怎么做了吧。

即便是在关系比较和睦的家庭里，夫妻也难免会吵架。幸运的是，研究显示，夫妻当着孩子的面争吵并不一定会产生巨大的负面影响，但他们必须在争吵后当着孩子的面和解。可是许多夫妻却喜欢私下和解，这会扭曲孩子的感知，因为他们只看到了父母互相伤害，却没有看到他们互相抚慰。有意在孩子面前练习和解的父母会给孩子树立良好的榜样，这样做既让他们学会了如何公平争吵，又让他们知道应该如何彼此安慰和解。

导致夫妻关系不和的四大原因

为什么夫妻在有了孩子后会关系不和呢？我先前已经提到过 4 个原因。如果我们对这些原因听之任之的话，那么它们就会对夫妻关系造成极大的不良影响，甚至影响婴儿的大脑发育。我把它们称为 4 颗愤怒的葡萄：

- 睡眠不足。
- 社交隔离。
- 劳动分配不公。
- 抑郁。

如果你刚刚生了孩子，那么很可能会碰到上述麻烦中的一个或几个。夫妻间的战争从床上开始……别想歪了，与性生活无关。

睡眠不足

如果你的朋友刚刚有了孩子，那么不妨问问他们对下面这段抱怨是否有同感：

> 我特别恨我老公，因为他整夜酣睡。我女儿已经 9 个月大了，但她每晚还是要醒来两三次。我老公睡得像猪一样，早上醒来的时候还说自己累得要死。在过去的 10 个月里，我每晚只睡五六小时，白天还要照顾一大一小两个让人头疼的家伙，但孩子爹却说自己很辛苦。

我们稍后会仔细讨论夫妻劳动分配不公的问题，而现在让我们着重谈谈睡眠不足会对婚姻造成哪些不良影响。无论你怎样估计睡眠不足导致的不良影响都不为过。虽然不少夫妻在生孩子前预计到将来晚上会睡不好，但很少有人会料到这将是个大问题。

请牢记下面这句话：婴儿在刚刚出生后没有正常的作息时间。你能做到的事情不代表他们也能做到，他们的小脑瓜并没有预设固定的睡眠和进食时间，所以作息时间毫无规律可循。这就是你和孩子签订的社会契约：他们一味索取，你一味付出。

这种情况可能持续数月，一般要超过 6 个月甚至更久，婴儿才会有规律作息。在全世界范围内，有 25% ～ 40% 的婴儿在此期间会发生睡眠问题，但他们最终还是能学会正常作息的，科学家认为这一变化写在了基因里。但是对孩子来说，这个新世界既干燥又不舒服，有众多内部和外部干扰因素会令他们夜不能寐。新生儿需要一段时间来适应新的环境，即便是在出生一年后，还有一半的孩子需要父母晚上爬起来照顾。由于大多数成年人在照顾孩子后需要花半小时才能重新入睡，所以可能连续数周睡眠时间减半。这既不利于父母们的身体健康，更不利于他们的婚姻质量。

睡眠不足的人会变得非常易怒，他们通常会丧失绝大部分情绪调控能力，一般认知能力也会大幅下降（这就是长期睡眠不足的人工作表现不佳的原因），问题解决能力会下降 90%，甚至连运动技能也会受到影响。只需连续一周经历中度睡眠不足，你就会发生上述问题：首先被改变的是心情，随后是认知能力，最后是身体机能。

如果你已经精力不济，但还需要在 1 分钟内数次关照孩子（有行为心理学家称，在 1 小时内，幼儿需要父母关注或关照 180 次），那么你就很可能无法心平气和且充满爱意地对待自己的另一半。光是睡眠不足这一项就会在夫妻之间制造许多麻烦。

社交隔离

虽然以下这一幕很少发生，但一名优秀的儿科医生应该能够做到这一点。在询问了孩子的健康状况并进行了一些例行检查之后，医生会盯着你的眼睛，认真地询问一些有关你个人社交生活的问题。“你们有很多朋友吗？”他问道，“你们夫妇参加了哪些社交群体？这些群体对你们来说重要吗？它们是否多种多样？你们要花多少时间进行相关的社交活动？”

儿科医生之所以不会问这些问题是因为你的社交生活与他无关，但问题是，这些事情与你的孩子密切相关。没有正常的社交生活导致孩子的父母抑郁，从而影响他们的身体健康，更容易让他们患上传染性疾病和心脏病。由于父母的时间和精力被孩子大量挤占，所以他们无暇进行社交活动。研究显示，刚生了孩子的夫妻在这方面的抱怨非常多。一位母亲写道：

我从来没有像现在这么孤独。孩子还不懂事，丈夫又对我不闻不问。我的生活除了做家务、烧饭和带孩子以外就没有其他内容了……我再也没有个人生活了。我的每一分钟都贡献给了孩子和家人，而孤独感却始终萦绕在我心头。

有 80% 的夫妻在生下第一个孩子后觉得自己孤独，并且带孩子太辛苦，太占用时间，他们能够单独待在一起的时间只有原来的 1/3。孩子降生带来的喜悦感消散了，而照顾孩子的各种辛苦却没完没了。为人父母成为一种责任加上无数琐事，一夜又一夜的失眠让他们精疲力竭，不断增多的小摩擦更是雪上加霜。

这些问题对孩子父母的社交生活造成了极大的不良影响，他们连夫妻感情都很难处理好，就更别提维系与其他人的情感纽带了。老朋友不再来访，新朋友更是无力结识。刚刚生了孩子的人每天和其他成年人打交道的时间一般不会超过 90 分钟，其中有 34% 完全和熟人以及朋友断绝了往来，这让他们觉得自己与世隔绝。一位全职妈妈如是说：“有些日子，我真希望把自己锁在卧室里，和最亲密的朋友泡一整天电话，我一点儿也不想照顾孩子。我的确爱他们，但全职妈妈的生活和我的想象差得太远。”另一个孤独的母亲说：“我常常躲在车里哭泣。”

拥有数个不同的社交圈子能够起到重要的缓冲作用，但这些关系也会因为孩子的出生而受损。女性特别容易感到孤独，这是有一定生理原因的。

现代医学诞生前，分娩常会导致产妇死亡。虽然没有人知道具体数字，但科学家估计当时产妇的死亡率高达 1/8。但是那些妇女之间关系紧密、互相信任的部落更容易生存下来：有过生产经验的女性可以照顾年轻的妈妈；即便一些婴儿没了妈妈，其他妇女也会给他们奶水喝。“共同分担和与之相伴的社会交往成为一种生存优势。”人类学家莎拉·赫迪（Sarah Hrdy）如是说，她将其称为“共同抚养”。还有一个发现能够佐证这一理论，那就是人类是唯一允许其他人经常照顾自己孩子的灵长类。

一位母亲这样描述自己对社交生活的渴望：“有时候当我把孩子抱在怀里，深情注视彼此的时候，我脑子里想的却是，孩子你快点儿睡吧，这样妈妈就能去收邮件了。”

为何女性比男性更加渴望人际交往呢？这个问题的答案与激素有关。在对压力做出正常反应的时候，女性的体内会分泌催产素，它会激发一系列行为，我们将这些行为统称为“照料和结盟”。男性的反应并不相同，他们体内的睾丸激素影响太大，削弱了内源性催产素的作用。无论是在男性还是女性的体内，催产素都还起到了神经递质的作用——让人平复心情并产生信任感。在与孩子未来的养父母巩固关系时，这种激素就变得格外重要了。此外，催产素还与刺激乳汁分泌有关。

由此可见，人际关系具有很深的进化根源，每个人都无法逃避这种需要。对“照料和结盟”行为进行研究的心理学家朱瑟琳·乔塞尔森（Ruthellen Josselson）这样强调人际关系的重要性：“每当我们忙于工作和家庭事务的时候，首先牺牲的是与其他女性伙伴的交往。这实在是一个错误，因为对女性而言，同性伙伴是重要的力量来源。”

劳动分配不公

下面这段抱怨最能说明导致夫妻关系不和的第三大原因：

> 我老公总是以上班养家糊口为理由说自己需要休息。如果他再敢这么说的话，我就把他所有的衣服都扔到草坪上去！我还要把他的汽车放空挡，然后松开刹车，让它自己滑出去！至于他那些有关体育的

宝贝玩意儿，我要把它们放到网上贱卖！最后我会宰了他！他一点儿也不懂我的辛苦！是的，他是整天忙着工作，但和他相处的人都会说话，都知道如何大小便，都能够生活自理，因为他们是成年人！

他可用不着给孩子换尿片，哄他们睡觉，也不用清理被孩子甩到墙上的食物。他无须从1数到10来平复心情，无须一遍又一遍看烦人的巴尼小恐龙，更不用一天6次托着乳房给孩子喂奶。我也知道他的午餐里不会有花生酱和果冻。此外，他还有两次15分钟的散步时间、1小时的健身时间。他上下班路上要花1小时，这1小时还可以用来读书看报或打瞌睡。

是的，我或许没有为家里挣钱，或许可以整天穿着宽松运动服，或许只需两三天洗一次澡，或许还能整日和孩子一起“玩耍”……但我在1小时里做的事情要比他一整天做的事情还多！所以，他能不能收起那副大爷的派头，让我每月做一次足疗好好放松一下？！

这些话可谓是切中要害。如果你是一位男士，我不得不警告你：接下来的内容读起来可能会令你不快，但这些内容或许是本书最重要的一部分。

除了睡眠不足和社交隔离之外，照料孩子工作量的分配不公也是一个大问题，也会侵蚀夫妻感情，进而对婴儿的大脑发育产生负面影响。简言之，妻子承担了绝大多数家务，无论她是否在外工作，或者家里有几个孩子。即便是在比较开放的21世纪，女性依然承担了大部分或更多家务。正如民权活动家弗洛里恩斯·肯尼迪（Florynce Kennedy）所说的那样，“依然认为婚姻应该是公平的女性，要么是不懂公平的含义，要么是没看穿男性”。

我已经说过这一部分内容读起来并不轻松，让我们来看下面一些数字：已婚妇女承担了70%的家务，其中包括洗碗、清扫、换尿片、进行简易维修等。人们常常积极地解读这一数据，毕竟在30年前，这一比例高达85%。但是，你无须掌握高深的数学知识就能看出夫妻间的家务分配明显不公。当孩子降生后，妻子所承担家务的增幅是丈夫的 3 倍。

丈夫为妻子分担得太少，以至于他们实际上每周给妻子额外增加了 7 小时的工作负担，而妻子却每周为丈夫节省了 1 小时的家务劳动。一位年轻的母亲说："有时候我真想离婚，这样我每两周就能有一个周末轻松一下了。"

妇女每周要承担 39 小时与照料孩子有关的家务劳动；而男士的相关工作量只有妇女的一半，也就是每周 21.7 小时。20 世纪 60 年代，男性所承担的家务数量只有现在的 1/3。虽然男性的确比以前承担了更多的家务，但还是要比女性做得少。此外，有近 40% 的父亲每个工作日与孩子相伴的时间不超过 2 小时，14% 的父亲每天与孩子相伴不到 1 小时。

家务分配不公和财务地位的不平等往往是导致家庭不和的罪魁祸首。这常常会引起妻子对丈夫的不满，特别是当丈夫总说自己是家里顶梁柱的时候。其实按照市场价格计算，妻子挣的钱一点儿也不比丈夫少。一个典型的全职母亲每周要工作 94.4 小时，如果能按照市场价格计酬的话，那么每年就能挣 117 000 美元（这个数字是根据家庭主妇所承担各种工作的小时工资计算的，工种包括家政服务员、司机、托儿所阿姨、心理咨询师和总裁）。大多数男士每周不需要工作 94.4 小时，而且其中 99% 的人一年也挣不到 117 000 美元。

这或许能够说明为何在大多数情况下往往是妻子首先对婚姻感到不满，然后才是丈夫。有一本书或许能为如何治愈女性内心创伤给我们提供一点儿灵感。我妻子的一个朋友将一本名为《女性情色》（*Porn for Women*）的书送给她作为礼物，书里都是俊逸潇洒、体型健美的潮男。他们要么光着膀子，要么穿着低腰牛仔裤，而且头发乱蓬蓬，双眼满是诱惑的眼神。最重要的是，他们全都在干家务。

在一张照片里，一个花样美男正在把衣服放进洗衣机里，一旁的文字是这么写的："我洗好衣服就去买菜，而且会带着孩子一起去，这样你就能休息了。"另一个俊俏帅哥正在用吸尘器除尘。还有一个肌肉猛男凝望着镜头说道："瞧，今天有美国职业橄榄球大联盟的季后赛。我觉得今天去手工艺品展销会一定能找到停车位。"

这就是《女性情色》一书的内容，为你辛劳的太太准备一本并不难。

抑郁

为人父母到底意味着什么呢？意味着你每分钟要给予宝贝 3 次关注，意味着睡眠时间减半，此外，你将无暇与朋友来往，一些诸如谁该倒垃圾的小事也有可能会引发婚姻危机。所有这些或许只是为了酝酿最后一颗愤怒的葡萄——抑郁。幸运的是，大多数为人父母者不会吞食这枚苦果，但这个问题非常严重，有必要聊一聊。

大约有一半产妇会在产后数小时或数日之内感到悲伤，这种情况并不稀奇。但另有 10% ～ 20% 的产妇心情极差，这会带来很大的麻烦：她们深感绝望、悲哀；即便婚姻没有出问题，也会觉得生活没有意义。这一段痛苦而迷茫的状态会持续数周甚至数月之久。母亲要么整日哭泣，要么呆呆地盯着窗外；她们或许会厌食，但也有可能暴饮暴食，在临床上她们被诊断为产后抑郁症。虽然学者对这一病症的起因和诊断标准意见不一，但他们对其解决方法却没有异议。

焦虑过度、悲伤压抑的母亲必须接受心理干预，如果听之任之，产后抑郁症完全有可能制造悲剧：夫妻感情会遭到严重破坏，患者甚至会杀害自己的亲生骨肉或自杀。此外，孩子与母亲之间也无法建立起良性互动的情感纽带，孩子甚至有可能模仿母亲的抑郁行为。孩子会变得更加没有安全感，羞怯、被动，比正常孩子更容易感到害怕。即便是在出生 14 个月之后，上述不利影响的痕迹依然清晰可辨。

有患抑郁症风险的不只是母亲，10% ～ 25% 的男性在孩子降生后也会变得抑郁。如果妻子也抑郁的话，那么丈夫的抑郁发生率将高达 50%。这对向往孩子的夫妻来说可不是一个好消息。

不过这并不是故事的全部，且听我慢慢道来。

“没人告诉过我孩子会带来那么多麻烦”

在我举行讲座的时候，经常有人会抱怨说：“没人告诉过我孩子会带来那么多麻烦。”我并不想轻描淡写地说养育子女的辛劳，但我需要更加全面地和大家探讨这一问题。

一些已经把孩子带大的夫妻之所以没有强调养育子女的辛苦，主要是因为这一路上除了苦还有乐。父母和孩子相处的时间其实非常短，孩子长得很快，他们学会按时作息，并在你的怀抱中寻求安慰，他们会从你身上学到什么该做什么不该做，但最终他们会离开你，独立生活。

这段经历让你明白的并不是养育孩子有多难，而是自己有多么脆弱。作家伊丽莎白 · 斯通（Elizabeth Stone）曾经说：“下决心要孩子是一个重大的决定，这意味着你从此以后将一直过着提心吊胆的生活。”

把孩子抚养成人的父母除了经历失眠之外，还在一路上收获了很多欣喜。孩子第一次骑车，第一次毕业，乃至他们自己的孩子降生都是父母人生中难以忘怀的时刻。他们品味了故事的其他章节，觉得一切付出都是值得的。

好消息还不止这些。知道这些麻烦，并事先做好思想准备的夫妻在孩子出生后陷入危机的可能性大大减小。即便上述矛盾的确发生了，其负面影响也相对较小。

解决问题的第一步是认识问题

20 世纪 50 年代，我出生在美国的一个军人家庭。每当全家开车出游的时候，母亲就会为我们两个不到 3 岁的小家伙收拾东西，吃的喝的、备用的尿片，还有抹布，一样都不能少。我的父亲从不帮忙，如果母亲准备的时间较长，他还会不耐烦。他会冲出房间，一屁股坐在驾驶座上，然后不停地轰油门来表达心中的不满，情绪强烈到足以引发心脏病。

我长大后，记忆渐渐淡去。但就在我结婚 6 个月后的一天，我和妻子准备去参加学校的晚宴。时间已经有些晚了，但她还收拾个没完。不耐烦的我冲出房门，坐进车里，正当我准备发动汽车轰油门的时候，父亲曾经的举动一下子跃入了我的脑海，我这才意识到自己正在干什么。

我深深地吸了一口气，惊叹于父母对孩子的影响是多么深刻。我回忆起小说家詹姆斯 · 鲍德温（James Baldwin）的一段话："虽然孩子们不太听父母的话，但却很善于模仿父母的行为。"我把车钥匙慢慢地拔了出来，然后回到爱妻身边向她道歉。从此以后，我再也没有做出过此类举动。

许多年后的一天，我准备开车带两个孩子外出。就在我把小儿子放在汽车后座上的时候，他的尿片爆了。我无奈地笑了笑，把车钥匙往兜里一塞，抱着孩子就去换尿片，一边换还一边哼着小曲儿。我不会再轰油门了。这次教训的影响非常深远，而且我发现坚持下来并没有我想象的那么难。

我之所以讲述这个故事并不是想标榜自己，我只是让自己意识到问题的存在，而这恰恰是我想和大家分享的，因为这个法子非常有用。至于如何做好父母，研究者已经提出了许多建议，我不仅想把这些建议告诉大家，而且想用亲身经历证明这些建议是管用的。只要大家付出一些努力，孩子就不会变成婚姻的掘墓人。在撰写本书的时候，我已经结婚 30 年了，我的孩子也已经十几岁大了。那些年是我人生中最美好的岁月。

你看到的只是你想要看到的

上面这个学会克制的故事与改变视角有关。说到这里，就不得不谈一谈本书的大脑规则之一："你看到的只是你想要看到的。"我的父亲不知道带孩子出去的准备工作有多少（即便知道他也未必会帮忙），但我的母亲却很清楚要做哪些准备。因此，"感知不对称"的问题就出现了，这会催生出夫妻间的许多不和谐。

1972 年，社会学家爱德华·琼斯（Edward Jones）和理查德·尼斯比特（Richard Nisbett）提出假设，感知不对称是导致大多数冲突的元凶。他们进一步提出，弥合感知上的鸿沟有助于大多数冲突的解决。这是正确的，他们提出的要点是：人们倾向于将自己的行为归因于可变的外部环境限制，而将别人的行为归因于不可变的固有人格特质。比如，有个参加求职面试的人迟到了，这个求职者将自己的迟到归因于不可控的外部因素（交通堵塞），而面试官则将其归因于缺乏责任心（事先没有准确预估交通时间）。一方用外因来解释自己的迟到，而另一方则会以内因来评价对方。

尼斯比特和他的同事们对这种不对称已经研究了几十年。尼斯比特发现，人们往往对自己的能力和未来比较乐观，他们会高估自己的致富能力和职业前景，并低估自己受到疾病感染的风险（癌症之所以对患者具有毁灭性打击的一个原因是很少有人会觉得自己那么倒霉）。人们还觉得自己善于从较短时间的接触中了解对方的情况。在发生矛盾的时候，人们觉得自己完全没有偏见，是客观公正的，觉得自己得到的信息很充分；却会认为对方有失公允，信息不完整。

这种不对称性源于认知神经科学广泛研究的一种现象。任何人类行为都有许多影响因素，它们大体上可以分为背景因素和前景因素：背景因素与我们的进化史、遗传组成以及胎儿环境有关；前景因素则与激素、早先经历以及当下环境情况有关。大脑可以获取与这些因素相关的信息，所以每个人很清楚自己的心理状况、激励水平和动机，这一过程在学术上被称为内省。我们时刻都知道自己想干什么或想要表达什么，问题是别人不知道我们是怎么想的，他们只能通过话语、表情和肢体语言来推断我们的心理状况及动机，这一过程被称为外部观察。

但是，人们对外部观察这一过程的限制却是知之甚少。我们能够洞察自己言行与内心想法以及情感不一致的情况，但有时却忘记了别人根本不知道我们心里是怎么想的。这一差异会让人们感到困惑并惊诧于自己为何会被误解。正如诗人罗伯特·伯恩斯（Robert Burns）所写的那样："如果上帝要赐予人类什么禀赋的话，那就让我们知道别人是怎样看待我们的吧。"

内省和外部观察所得信息的不一致是导致人类冲突的一大根源。一些人因为经历太多挫折而郁郁寡欢却被误解为自暴自弃，而一些互相敌视的国家也长期无法达成和平协议。大多数沟通障碍，包括夫妻之间的冲突基本都是由于这个原因而产生的。

培养共情力

如果信息不对称是导致大多数冲突的根源，那么减少这种不对称就有助于消除人们之间的敌意。很难想象，一个只有 4 岁大的男孩在一场共情比赛中用生动的故事证实了这一结论，但他的确做到了。已故作家利奥·布斯卡格利亚（Leo Buscaglia）曾在这场比赛中担任评委，他需要挑选出最有爱心的孩子。获胜的男孩讲述了一个关于自己和隔壁老人的故事。

老人刚刚失去了相伴多年的爱妻。男孩听到他在后院呜咽，于是跑过去看个究竟。他爬到老人腿上，静静地坐在那里。奇怪的是，老人一下子觉得好多了。孩子的母亲后来问他对老人都说了些什么，他答道："我什么都没说，只是帮他哭泣。"

虽然这个故事有很多层意思，但它的要义是，孩子对信息不对称的关系做出了恰当的反应。老人很悲伤，而孩子没有什么伤心事，但他愿意走进老人的情感世界去理解他的想法。这个孩子在不经意间给老人以安慰，也改变了他与老人之间信息不对称的情况。

选择理解他人使共情具有强大力量。如果父母经常这么做的话，婴儿尚不完善的神经系统就会朝着有益的方向发展。

何为共情力

我曾经以为共情力和通灵一样，没有什么过硬的神经科学证据可以支持。10 年前，如果有人告诉我，我们可以像定义阿尔茨海默病那样科学地定义共情力，我就会哈哈大笑。但我现在不这么想了，越来越多的实证研究告诉我们什么是共情力。这种能力有三个重要的组成部分：

- 情感识别。有共情力的人首先要能够识别他人的情绪变化。在行为科学中，情感是指情绪或心境的外部表达，这种表达通常与特定的想法和行为相关。孤独症患儿的大脑发育从未达到这个高度，所以他们很少表现出与共情相关的行为。

- 移情。对一个具有共情力的人来说，在观察到别人的情绪变化后，他会在自己的头脑中想象对方身处的环境，并思考自己可能做出的反应。这就好比试穿别人的衣服一样，对演员来说，这是斯坦尼斯拉夫斯基表演法的精髓。而对准备养育子女的人则意味着学会换位思考。
- 划定界限。有共情力的人时刻都很清楚，真正的情绪体验发生在别人身上，而不是观察者自己身上。虽然共情力是强大的，但也是有界限的。

经常锻炼自己共情力的夫妻会有很大收获。行为学家约翰·戈特曼（John Gottman）[①]通过研究发现，共情指数是决定婚姻质量的自变量。虽然有批评者认为两者只是相关，并不存在因果关系，但是如果我们用这一变量来预测夫妻离婚的可能性，准确率却接近 90%。在戈特曼的研究中，如果妻子觉得丈夫能够理解自己，倾听自己的心声，同时丈夫愿意根据妻子的建设性意见改变自己的行为，那么婚姻就不会出问题（有趣的是，丈夫的想法是否能被妻子理解则与离婚率无关）。如果妻子得不到理解，那么婚姻早晚会出问题。

研究显示，有 70% 的夫妻冲突是无法彻底解决的，婚姻所面临的最大挑战之一便是这种无法根除的差异。但是如果双方知道如何接受这种差异，那么婚姻未必会出问题。**共情过程能够奏效的一个原因就是它不要求解决问题，而只是要求我们互相理解。**认清这一点极为重要。如果有 30% 的家庭矛盾仅仅通过双方妥协就能解决，那么我们就必须提高自己的共情力以维系和睦的家庭关

---

① 约翰·戈特曼是以“婚姻教皇”之称享誉世界的婚恋关系、人际关系研究专家。他从事家庭关系方面的研究 50 多年，在心理治疗领域与罗杰斯、荣格齐名，曾 4 次荣获美国国家心理健康研究所科学研究者奖章，并获美国婚姻与家庭治疗协会杰出科学研究者奖章、美国家庭治疗学会杰出贡献奖、美国心理协会家庭心理学分会会长奖章。其研究成果帮助全世界成千上万的情侣和家庭重塑亲密关系，牢牢抓住幸福。其经典力作戈特曼“亲密关系”系列的中文简体字版均已由湛庐出品、浙江科学技术出版社出版。——编者注。

系，这就是缺失共情力的夫妻为何走不了多远的原因。戈特曼和其他研究者还发现，上述结论同样适用于孩子的抚养。戈特曼说："共情力不仅非常重要，它还是成功养育子女的基础。"

将共情变成反射

那么，怎样才能提高婚姻质量呢？答案是深入了解你自己的内在觉察并尽量缩小夫妻间对彼此情感状态认知的不对称。为了做到这一点，我们必须学会在发现对方有负面情绪的第一时间做出"共情反射"。研究者在帮助高功能孤独症患儿重返社会的过程中定义"共情反射"，它的内容非常简单，而且出奇有效。那个安慰老人的男孩的行为就比较符合"共情反射"。你一旦发现别人有情绪波动，那么就应该立刻执行下面两个步骤：

1. 描述你所观察到的情绪变化是什么。
2. 推测这些情绪变化产生的原因。

接下来无论是发飙还是撒泼都随你。但我想告诉你的是，如果共情反射已经主动成为你解决冲突管理技能的一种方式，那么你不太可能会由着自己的性子胡来。让我给大家讲一个真实的故事。

一位女士有一个15岁的女儿，她允许女儿在周六晚上外出，但规定她必须在午夜前回家。有一次女儿没有守规矩，直到凌晨两点才回家。她蹑手蹑脚地挪进屋子，却发现客厅的灯还亮着，母亲正气呼呼地坐在椅子上。女儿脑子里一片空白，不知所措。母亲虽然很生气，但却发现女儿除了害怕，似乎还一脸委屈，好像碰到了不顺心的事。她原本可以大发雷霆，斥责女儿，当然，这么做谁都不会好受。这时候，她想起朋友曾经提到过共情反射，于是决定试一试这个办法。

她用平静的语气问女儿："你是不是很害怕我发火？"女儿顿了顿，微微点点头。她继续说："你看上去很糟糕，非常糟，就好像被人欺负了一样。"女儿看了看母亲，她怎么都没有想到母亲会做出这样的反应。那位女士随即执行共情反射的第二步，去猜测女儿碰到了什么不开心的事。

"你今晚过得很不开心，是这样吗？"听闻此言，女儿瞪大了双眼，眼泪夺眶而出。母亲根据女儿的反应和自己的经验推测出了最有可能发生的事情，她用温柔的语气对孩子说："和男朋友吵架了吧？"女儿大声哭了起来，哽咽着说："他和我分手了，没人送我回家，所以我才这么晚回来！"女儿一头扎进母亲温暖的怀抱，母亲也忍不住哭了起来。虽然那不是一个令人愉快的夜晚，但母女的感情却因此变得更加深厚。无论是维系夫妻感情还是抚养子女，共情反射都非常有效。

故事还没讲完。母亲最终还是罚女儿一周不许出去玩，毕竟规矩是规矩。不过女儿却似乎变得懂事了，她甚至开始模仿母亲的共情反射，这倒是在研究者的意料之中。几天后的一个晚上，母亲很晚下班，一到家就匆匆下厨做饭。看到母亲十分劳累，女儿没有问晚上吃什么，而是说："妈，你看上去心情不太好。是不是工作很累，不想做饭了？"

母亲简直不敢相信自己的耳朵。

如果夫妻彼此理解、关系和睦，而且为生孩子做好了充分的心理准备，那么他们就能有效地避免我们之前提到的那些大麻烦，他们未来的孩子也能够在健康的家庭环境中茁壮成长。

虽然这些夫妻未必都能把孩子送进哈佛大学，但至少他们将来不会因为离异去争夺孩子的抚养权，孩子也会变得更聪明、更快乐，并且更具有道德感。

温馨回顾

- 80% 以上的夫妻在生了孩子以后婚姻质量显著下降。
- 夫妻感情不和会对孩子的大脑发育造成伤害。
- 共情能够减少敌意。
- 造成夫妻矛盾的主要原因有 4 个：睡眠不足、社交隔离、劳动分配不公和抑郁。

第二部分

Brain Rules for Baby

培养聪明孩子：智慧的7颗种子和4种养分

Brain
Rules for Baby

第3章 播下智慧的种子

大脑规则

大脑最关心的是安全，然后才是学习。

智力不仅仅是智商。

多和孩子面对面交流，而不是让他们看电视。

没有人会认为小时候的罗斯福将来会成为伟人。他体弱多病，生性敏感，胆子也不大。他患有哮喘，于是不得不坐着睡觉以避免窒息。由于身体太弱，罗斯福无法上学读书，父母只能在家里给他上课。因为他患有严重的心脏病，医生建议他长大后做文职工作，并叮嘱他千万不能进行各种耗费体力的活动。

幸运的是，罗斯福并没有屈从于虚弱的身体和唠叨的医生。聪慧过人、过目不忘、追求卓越的罗斯福在 9 岁时就撰写了自己的第一篇科学论文——《昆虫自然史》。他在 16 岁时被哈佛大学录取，并成为美国大学优等生荣誉学会（Phi Beta Kappa）的一员。23 岁的罗斯福参与竞选州议员，并在第二年出版了自己的第一部学术著作，该书是关于 1812 年英美战争的。他渐渐成为一个能够启发人们思想的历史学家，并最终成为一个有才干的政治家。当然，他还是动物学家、哲学家、地理学家、军事家和外交家。罗斯福在 42 岁的时候成为美国史上最年轻的三军总司令。到目前为止，他是唯一被授予国会荣誉勋章的总统，而且是获得诺贝尔和平奖的第一个美国人。

罗斯福小时候并不出众，那又是什么让他变得如此聪明的呢？显然，遗传因素帮助了这位美国的第 26 任总统。每个人的智力有一半是由天性决定的，另一半则是由环境，也就是后天教养决定的。父母可以从中总结出两个要点：首先，无论孩子多么努力，其智力发育是有限的；其次，这并不意味着我们什么都无法改变，孩子的成长环境，特别是父母的教育会深刻地影响孩子智力的各个方面。我将和大家详细探讨智力发育的种子及土壤。在这一章里，我们先来探究一下孩子智力的生理基础。而在下一章里，我会向大家介绍如何发挥孩子的潜能。

揭秘聪明的大脑

如果可以亲眼看见孩子的大脑，你是否能够找到预示着他将来智力发育状况的蛛丝马迹呢？大脑皮质沟回的特征和智力水平的高低有没有直接的关系呢？有一个方法可以帮助我们回答这些问题，不过听起来有些吓人，那就是在一些非常聪明的人去世之后对他们的大脑进行解剖，看看其结构有何特殊之处。科学家已经解剖了许多名人的脑子，比如德国著名数学家高斯，以及与数学没有多大关系的俄国革命家列宁。他们还解剖了爱因斯坦的脑子，结果十分出人意料。

剖析天才的大脑

爱因斯坦于 1955 年在美国新泽西州去世，对他进行尸检的是托马斯·斯托尔兹·哈维（Thomas Stoltz Harvey），他可能是史上占有欲最强的病理学家。他将爱因斯坦的大脑切开，并从不同角度拍照，最后把它切成多个小块。哈维的举动给他带来了大麻烦，显然他没有征得爱因斯坦家人的同意就私自下刀了。普林斯顿医院管理层要求哈维交出爱因斯坦的大脑，但他拒绝了，并因此丢掉了饭碗。之后哈维逃到堪萨斯州，将爱因斯坦脑组织样本保留在身边 20 多年。

直到 1978 年，在记者史蒂夫・利瓦伊（Steve Levi）的追踪下，这些样本才得以重见天日。他成功说服了哈维交出这些样本——爱因斯坦的脑组织依然保存完好，漂浮在装满酒精的大玻璃罐子里。于是利瓦伊和其他科学家开始仔细研究这位著名物理学家的脑结构，希望能够破解他绝顶聪明的原因。

科学家到底发现了什么呢？让人惊讶的是，爱因斯坦的大脑与常人相比没有太大的不同，其脑结构与常人基本无异，只不过负责空间视觉认知和数学运算的区域更大一些（比常人大 15%）。此外，普通大脑具有的一部分组织在爱因斯坦的大脑里没有被发现，而且他大脑中的神经胶质细胞比一般人要多（神经胶质细胞参与脑结构的构建并协助处理信息）。但是这些发现并不具有突破性。大多数人的脑结构都有一些差异，某些区域会小一些，某些区域则大一些。正是因为这种个体差异，我们目前无法证明是特定的脑结构生理特征创造了这位天才。爱因斯坦的大脑当然是极为聪明的，但那些和骰子一样大小的脑组织样本却无法告诉我们为什么会这样。

如果我们观察活人的大脑，又会有什么发现呢？现如今，我们无须等到某人死掉才能探究脑结构和脑功能之间的关系。当某个大脑正在运行某项机能的时候，可以使用非入侵式成像技术观察其状况。那么能否通过这种方式来发现智慧之源呢？很可惜，答案依然是否定的，至少目前还不行。科学家们让一些天才来解答高难度问题，同时观察其脑部的活动状况，但始终找不到相似的特征，巨大的个体差异再一次挫败了他们的计划。无论是解决问题，还是处理感觉信息，没有任何两个人的大脑活动特征是完全相同的。

科学家们困惑不解，并得出了针锋相对的结论：一些研究显示，“聪明人”的大脑更加高效（在解决困难问题时能量消耗较少）；但另一些科学家却认为某些聪明人的大脑中的灰质较厚，而另一些则白质较多。科学家发现了 14 个与人类智力相关的大脑区域，它们如仙女散花般地分布在大脑的不同部位，顶叶 - 额叶整合理论（parieto-frontal integration theory）被创建出来用以描绘这些神奇区域的运行过程。在实验对象进行深思的时候，科学家对他们的脑区域活动状况进行了观察，但得到的结果依然如故：不同个体在解决复杂问题时其脑区域的活动组合方式也不相同。综上所述，**我们所观察到的人类智能种类非常多，但天才型的超越脑模式并不存在。**

科学家对婴儿的智力知道得更少了，因为很难对这些穿着尿片活泼好动的孩子进行非入侵成像实验。比如在进行功能型磁共振成像时，实验对象的头部必须在很长一段时间内纹丝不动。要让一个 6 个月大、一刻不停的孩子做到这一点实在是难以想象，即便能够做到，照目前的研究水平，也无法根据脑结构特点来判断这个孩子是否聪明。

寻找智慧的基因

科学家在 DNA 层面又有何收获呢？他们是否发现了“智慧基因”？很多人正在努力寻找。有一种基因非常有名，那就是儿茶酚氧位甲基转移酶（catechol-O-methyltransferase，COMT），这种基因的各种变体似乎与某些人（不是所有人）的高水平短期记忆有关。另一种名叫组织蛋白酶 -D 的基因也与高水平智力有关。这份名单里还有一种多巴胺受体的变体，这类基因通常与愉悦感有关。所有发现有一个共同的问题，那就是它们很难被复制，即便实验结果被成功复制，这些基因的存在也只能将智商提高 3 ～ 4 分。到目前为止，科学家尚未分离出智慧基因。考虑到智力的复杂性，我怀疑单一的智慧基因并不存在。

婴儿智商测试

如果在细胞和基因层面一无所获，那么我们从行为层面下手是否能够有所突破呢？研究者的确在这条路上挖到了金矿，我们手头上已经拥有了一系列可以预测婴儿长大成人后智商水平的测试。在一项测试中，还不会说话的婴儿可以用手触摸放在盒子里的东西，但却看不见这个东西。随后，测试者会在他们面前摆放一些物体，如果孩子能够将自己刚才摸到的物体辨识出来（跨感觉转移），那么他们将来的智商水平会更高。在另一项旨在评估视觉识别记忆的测试中，婴儿被放置在一个棋盘前。这项测试非常简单，婴儿盯着棋盘的时间越长，他们将来的智商就越高。听起来是不是很不可思议？接受测试的婴儿年龄仅在 2 ～ 8 个月之间，但这项测试却能够准确预测他们 18 岁时的智商。

这到底意味着什么呢？这说明至少这些孩子上学后能够在智商测试中拿高分。

对一些人来说，智商非常重要，比如私立精英幼儿园和小学的招生官员，他们经常要求申请入校的孩子接受智商测试。《韦氏儿童智力量表（第 4 版）》（*Wechsler Intelligence Scale for Children, version IV*，简称 WISC-IV）是一种被广泛使用的智商测试。许多学校只接收成绩名列前 3% 的学生，这种做法十分荒唐可笑。该测试每人次的费用是 500 美元，有时 6 岁甚至更小的孩子都要接受这一测试，因为一些教育机构会将其作为招生标准。智商测试里的问题主要有两类：

（1）在下列 5 种动物中，哪一种与其他 4 种最不像？
母牛、老虎、蛇、熊、狗。

如果你选蛇，那么就猜中了测试设计者的心思（其他动物都有腿而且都是哺乳动物）。[①]

① 其实也可以选择母牛，因为其他动物都是食肉动物，而牛是食草动物。由此可见，此种测试的结果未必有说服力。——译者注

（2）1 000 加上 40，再加 1 000，然后加 30，再加 1 000，接着加 20，再加 1 000，最后加 10。请问总和是多少？

你的答案是 5 000 吗？如果是的话，很多人都给出了和你一样的答案。研究显示，有 98% 的人看了问题后回答 5 000。不过正确答案应该是 4 100。

智商测试中都是这样的问题。如果你全部回答正确是否就意味着你很聪明呢？答案并不确定。一些研究者相信，智商测试评估的只是你回答这些问题的能力。实际上，学者对于智商测试测量的到底是什么始终意见不一。考虑到智力的种类非常多，只根据一个分数就对孩子的智力水平下定论显然是不明智的。不妨先让我们了解一下智商测试的历史，你可以自己来判断这些测试到底有没有用。

智商测试的诞生

许多智慧超群的人常常是为了搞清楚自己都具有哪些天赋才去研究智力的。达尔文的表弟弗朗西斯·高尔顿（Francis Galton）是研究智力的先驱者之一，他非常严肃，非常聪明，但也有些疯狂。他出生在一个贵格会教徒家庭中，祖上是著名的和平主义者，有趣的是，他家的名下却有生产枪支的企业。高尔顿是个神童，6 岁便能阅读和背诵莎士比亚的作品，他在更小的时候已经会说希腊语和拉丁语。他似乎对什么事情都很感兴趣，成年后的高尔顿在气象学、心理学、摄影学，甚至是刑事司法领域都有所建树（他倡导使用指纹分析的科学方法来确定罪犯身份）。此外，他还发明了“标准差”这一统计概念以及线性回归法，并用这些数学工具来研究人类行为。

他最感兴趣的研究课题之一，便是人类智力的影响因素，特别是遗传因素。高尔顿是第一个意识到遗传特性和环境因素都会对智力产生巨大影响的人，同样是他创造了“天性还是教养”（nature versus nurture）这一说法。基于这些深刻认识，科学方法开始被用于研究人类智力。但在开展系统性研究之后，科学研究者变得痴迷于用数字来定义人类智力，这类数字只能通过数字测试得到。我们今天依旧使用这些方法，首先让我们来看看经常被大家提到的智商测试。智商（IQ）是智力商数（intelligence quotient）的缩写。

智商测试是由一群法国心理学家发明的，其中便有阿尔弗雷德·比内（Alfred Binet）。他们原本只是想用这些测试来识别需要帮助的智障儿童，总共设计了30项测试任务，例如用手指触摸自己的鼻子，根据记忆画画等，但这些测试的有效性并没有得到来自现实生活中的实证证据的支持。比内一直警告大家不要过分解读此类测试成绩的含义，他认为智力的可塑性很强，而且此类测试存在着一定的偏差。这一观点很有先见之明，但德国心理学家威廉·斯特恩（William Stern）却开始用这些测试来评估孩子的智力，并用智商（IQ）来表征相应的智力水平。这个数字是孩子智龄和实龄的比值乘以100的结果。所以，如果一个10岁大的孩子能够解答通常是15岁的孩子才能做出的题目，那么他的智商就是（15/10）×100。智商测试随即在欧洲火了起来，之后又漂洋过海来到了美国。

1916年，斯坦福大学教授刘易斯·特曼（Lewis Terman）对原有测试进行了修改，他删减了一些题目，又增加了一些新题目，不过这么做依然没有什么实证上的理由。这套测试后来就被命名为斯坦福—比内智力测试（Stanford-Binet Test）。最终，智商不再是智龄和实龄的比值，而是根据测试者的得分在所有测试样本中的相对位置来决定的。所有测试得分符合正态分布，均值的智商水平是100。还有一套测试是由英国心理学家查尔斯·斯皮尔曼（Charles Spearman）开发的，他原来是一位英国陆军军官。该测试想要测量的是所谓的“一般性认知能力”，现在被简称为“g因子”。斯皮尔曼发现，在某一部分笔试中得分较高的被测者在其他部分的测试中也能取得好成绩。该测试测量的智力与许多种互相关联的认知功能有关。

几十年来，学者们对于这些测试的得分到底意味着什么以及应如何评估一直争论不休。这是件好事，因为智力测试的弹性比人们想象的要大得多。

一直波动的智商

我第一次看到女演员柯尔斯蒂·艾利（Kirstie Alley）是在电影《星际迷航》中，当时她扮演一个聪明性感的角色。柯尔斯蒂曾是一名啦啦队队长，她后来还主演了一些电视剧，并且因为在富有传奇色彩的情景喜剧《干杯》中的出色表演而两获艾美奖。但她之所以那么出名，更多是因为她的肥胖问题。2005 年，媒体报道说她的体重超过了 90 千克。她之后成为一项减肥计划的发言人，并在一部描写一名超重女星试图通过减肥重返好莱坞的电视剧中担任主角。柯尔斯蒂最终减掉了 34 千克，不过肥胖这个问题并没有被彻底解决，而是时常反复。

这个故事与我们先前提到的智力有什么关系呢？和柯尔斯蒂的衣服尺码一样，智商也会波动。**研究显示，在人的一生中，智商一直在波动，而且特别容易受到环境的影响。**这一点非常出人意料。当我们抑郁、衰老，或者生活在与大多数测试样本不同的文化中时，智商都会发生改变。比如，在同一个家庭中长大会增加同胞兄弟姐妹智商的相似程度。孩子的智商也会受到家庭环境的影响，穷人的智商往往要比富人低很多。而且如果你的收入水平低于某个特定标准，那么这种经济状况也会对孩子的智商高低产生极大影响。但在中产阶级家庭中，这种影响要小得多。出生在贫穷家庭，但被中产阶级家庭收养的孩子智商平均会增加 12 ～ 18 分。

有人不愿意相信智商是可变的，他们认为智商或 g 因子的数字是永远不变的，就像一个人的出生日期不会改变一样，媒体也常常这么认为，而人们的亲身经历似乎也能印证这种观点：一些像罗斯福这样的人天生就很聪明，而另一些则没有那么幸运。这一假设把问题过于简单化了，其实智力本身并不简单，其测量方法也很复杂。

有一个非常重要的证据：在过去几十年中，人们的智商水平在不断提高。1947—2002 年，美国孩子的平均智商上升了 18 分。一位来自新西兰的哲学家发现了这个现象，他就是詹姆斯·弗林（James Flynn），一个头发蓬乱且易怒的老头。这个富有争议的发现被命名为弗林效应。他进行了如下实验：如果将 2009 年美国人的平均智商假定为 100 分，并把被观测到的智商增长率倒推回去，那么在 1900 年美国人的平均智商只有 50 ～ 70 分，相当于如今唐氏综合征患者（轻度智障）的智商水平，但当时的大多数美国人肯定不是智障。那么，到底是人脑出了问题，还是智商测试出了问题呢？很显然，坚信智商永远不会改变的人需要好好琢磨一下。

我当然相信“智力”这一概念，并且认为智商和 g 因子能够测量出智力的一部分。我的许多同事也是这么想的，所以他们在学术期刊《智力》（*Intelligence*）1997 年度评论上联合署名，声明“智商与人们在教育、职业、经济和社会等方面的许多重要表现都密切相关，而且很可能比其他任何一种可被测量的人类特质都更具相关性”。我同意这一观点，我只是想知道智商测试测量的到底是什么。

智慧的 7 颗种子

智商测试的多变性令人无从把握，父母们急于知道自己的孩子是否聪明，并且想让他们变得更聪明。由于知识在 21 世纪的经济体系中变得越来越重要，这种想法可以理解。但当我们深究这一问题时就会发现，许多父母实际上只是希望自己的孩子学习成绩优异，这样他们的未来就有了保证。那么，聪明和学习成绩有关系吗？有，但两者根本不是一回事，而且它们之间的关系也没有大家想象的那么密切。

单个数字，甚至是这些数字之间的相关性不足以涵盖人类智力复杂性的方方面面。哈佛大学心理学家霍华德·加德纳（Howard Gardner）[①] 于 1993 年发表了他最新版本的多元智能理论，他认为：“**我们可以找到有力证据来说明，智力是多方面的，有多个组成部分，并且无论如何都无法用某种单一的笔试测量工具对其进行全面描述。**”你是不是有点儿抓狂了呢？智力难道是只可意会，不可言传的吗？并非如此。但是为了说清楚这个问题，我们必须摒弃用单个数字来评价智力水平高低的想法。

在寒冷的冬日里，妈妈烧的炖牛肉所散发出的香味让我终生难忘。无论是牛肉在锅里炖煮的咕咕声，还是香甜而刺激的洋葱味，或是漂浮在锅里的胡萝卜片都让人心醉。妈妈烧的炖肉和她的怀抱一样温暖。有一次，她把我拉进厨房，想把炖肉的独门秘技传授给我。这可不是一件容易的事情，因为她每次炖肉几乎都要对制作方法进行一些改变。“肉怎么炖取决于谁来吃饭，”她解释道，“还有就是厨房里有哪些原材料。”妈妈说只有两点是至关重要的：牛肉的品质以及调料的配制。只要抓住这两个要点，无论你往锅里放些什么，炖肉都一样美味。

智力的两大基本要素：晶体智力与流体智力

和妈妈烧的炖肉一样，智力也有两大基本要素，它们与人类在进化过程中

① 霍华德·加德纳被誉为“教育领域的哥白尼”和“推动美国教育改革的首席科学家”，是当今极具影响力的发展心理学家、教育学家、“多元智能理论之父”、哈佛大学教育研究生院教授。他长期从事智能理论、创造能力、领导能力、艺术教育等领域研究，并曾在世界多国的 31 所大学和学院获得心理学、教育学、音乐学、法学、文学等学科荣誉博士学位。其著作被译为 32 种语言，在世界各地影响广泛并广受赞誉，包括《智能的结构》《多元智能新视野》《多元智能新视野》等。上述三本书的中文简体字版均已由湛庐出品，并分别由中国纺织出版社（前一本）、浙江科学技术出版社出版（后两本）。——编者注。

的生存需要密切相关。其中一个要素是记录信息的能力，称为“晶体智力”，它能使脑内的各种记忆系统合力创造出结构丰富的数据库。另一个要素是让数据库内的信息适用于特定情境的能力，这就需要我们进行即兴发挥，既要回忆数据库里的信息，又要对其进行重组以适应新形势。这种推理和问题解决能力又被称为“流体智力”。从进化的角度来看，记忆和即兴发挥的结合赋予了人类祖先两大生存适应性行为：迅速从自己的错误中吸取教训，以及在不断变化的残酷环境中灵活运用这些总结出来的经验。

从这一进化视角来看，“聪明”不过是指在这两方面做得比别人好罢了。

虽然记忆和流体智力是必不可少的，但它们并非人类智慧的全部。就像我妈妈不断改变炖肉的制作方法一样，不同家庭烹制智力大餐的方法可谓各有千秋。有的男孩或许记忆力不佳，但数学却很好；有的女孩具有语言天赋，但却解不出最简单的除法算术题。我们怎么能说一个孩子比另一个更聪明呢？

智力的五大重要能力

人类的智慧大餐中还有许多其他原料，我将着重描述以下 5 种重要的能力，你可以看看自己的孩子是否具有这些方面的才能。它们分别是：

- 渴望探索。
- 自我控制。
- 创造力。
- 语言沟通能力。
- 解码非语言沟通信号。

传统的智商测试基本测不出来这类能力。我们相信上述能力具有遗传性，因为其中的很多种在新生儿身上都会表现出来。即便如此，它们并不是孤立于外部世界的，孩子能否充分发挥自己的智力潜能在很大程度上也会受到后天教养的影响。罗斯福这样的天才正是如此。

渴望探索：革新者的 DNA

我想和大家分享一个关于孩子是多么喜欢进行探索的有趣故事。一次，我去参加一个 9 个月大孩子的洗礼仪式。开始的时候一切顺利，孩子乖乖地待在父亲的怀里，等待牧师将圣水洒到他的额头上。就在他的父亲转身朝向牧师的时候，孩子突然看见了牧师手里的麦克风，于是他迅速伸出手来攥住麦克风，想要把它从牧师的手里夺过来；与此同时，他还伸出了舌头，朝着话筒就舔了上去。这个孩子似乎把麦克风错当成冰激凌甜筒了，他要用实际行动来检验自己的假设。

在教堂里这么干可有些不妥。牧师挪开了话筒，但他很快就意识到自己犯了个巨大的错误：即便婴儿不会说话，但也没有什么比夺走这些小科学家的科研对象更能激怒他们的了。孩子放声大哭，试图挣脱父亲的怀抱，并不断挥舞着小手想夺回麦克风。这个正在进行探索的小家伙可不希望别人干扰他对知识的追求，特别是当事关香甜冰激凌的时候。

我不知道孩子的父母作何感想，但看到求知若渴的孩子，这让我很高兴。孩子是天生的科学家，早在看见新奇的话筒之前，他们就已经开始了自己的探索之旅，但是直到 20 世纪下半叶，我们才开始对婴儿的探索行为展开系统的科学研究。

数以千计的实验证明，婴儿通过不断尝试来了解自己所处的环境。他们利用各种感觉来进行观察，做出预测，并设计和进行实验来检验自己的假设，随后评估检验结果，最后将获得的知识添加到自然天成且不断增大的大脑数据库中。婴儿勇于探索，实验手法多样，而且坚持不懈。他们使用流体智力来提取信息，然后将其固化，存入记忆之中。从没有人教他们这么做，但全世界的婴儿都是如此，这说明此类学习行为具有很深的进化根源。正如研究者早就发现的那样，婴儿的确是科学家，他们的实验室是整个世界，包括教堂里的麦克风。

探索行为，即愿意尝试，并对寻常事提出不寻常问题的做法也大有裨益。无论是生活在非洲大草原上的人类祖先，还是如今竞争激烈的商战中的现代人，勇于探索都是非常有价值的生存策略。

一些人非常具有创造力，并且很有远见，他们总能想出可以创造盈利奇迹的好主意；而另一些人虽然具有较强的执行力和管理能力，能够将这些想法变成现实，但他们却缺乏前者的想象力。究竟是哪些特质将两者区分开来的呢？两位商学院的学者花了 6 年时间对 3 000 多位富有革新精神的执行官进行了研究，其中既有化学家，也有软件工程师。他们的研究成果于 2009 年发表，并得到了《哈佛商业评论》的奖励。

革新者们有 5 个共同特质，它们被称为“革新者的 DNA”。前三种特质分别是：

- 有创造性地进行联想。他们能将一些看似不相关的概念和问题联系在一起。
- 总是不停地问“如果这样会怎样”、“为什么不这样”或“为什么要这么做”。革新者不断挑战现状的极限，他们的思想一会儿飞上云霄，俯瞰全局，评估某个想法的可行性；一会儿又冲回地面，踏踏实实地把计划的每一步都设计到位。
- 永不停息地改善和实验。每当碰到新想法的时候，革新者所做的第一件事情就是将其分解，哪怕是自己想出的主意也是一样。他们喜欢不断地进行测试，包括事物的上限、下限、外延、耐受性

> 等。无论是谁的想法，革新者都不会轻易放过，他们的心中有一项重大使命，便是探索和发现。

这些特质的最大共同点是什么呢？是进行探索的意愿。革新者的最大敌人是身处不以探索为导向的系统之中。此项研究的主要设计者哈尔·格雷格森（Hal Gregersen）在《哈佛商业评论》上写道：**“你可以用一个词来概括我们在研究中总结出来的所有创新特质：好奇。我已经对全球的伟大领袖们研究了 20 年，这是他们身上共有的最显著的一个特点。”**

格雷格森接着聊起了孩子：“四岁大的孩子会不停地追问成年人为什么；但到 6 岁半的时候，孩子们就不太问为什么了，因为他们知道老师更喜欢他们给出所谓‘正确’的答案，而不是提出具有启发性的问题。高中生就更别提了。等到他们踏入社会走上工作岗位的时候，残留的那一星半点好奇心彻底被磨光了。有 80% 的公司总裁花不到 20% 的时间琢磨着新想法。”

这实在是一件让人遗憾的事情。我始终没搞明白我们的学校和公司为什么要设计成这样，但身为父母的各位可以做一些事情来鼓励孩子天生的求知欲，第一步就是要意识到好奇心对于他们的智力发展是极为重要的。

自我控制

一个健康的儿童坐在桌子前，上面摆放着两块刚出炉的、又大又香甜的巧克力曲奇。这一幕发生在 20 世纪 60 年代末，孩子并不是坐在厨房里，而是坐在斯坦福大学的沃尔特·米歇尔（Walter Mischel）实验室里。饼干的香味扑鼻而来。“你看见桌上的曲奇饼了吗？”米歇尔说，“如果你忍不住的话现在就可以吃一块，但你要是能够等一等的话，两块就都归你了。我会离开 5 分钟，如果我回来的时候你一块都没吃，那么我就把两块曲奇都送给你；但是如果你吃掉了一块，那么第二块就不能给你了。我们就这样说定了啊？”孩子点了点头，研究者随即离开了实验室。

孩子们对美味的诱惑是如何反应的呢？米歇尔用摄影机记录下了这些让人忍俊不禁的画面。小家伙们在座位上躁动不安：他们有的背过身去，不看曲奇；有的把手压在腿下；还有的先闭上一只眼睛，然后闭上双眼，实在忍不住了就把眼睛眯成一条缝偷偷看一眼。孩子们固然很想得到第二块曲奇，但这并不是一件容易的事情。72% 的学龄前儿童忍不住吃掉了第一块曲奇；而四年级小学生的忍耐力有所提高，有 49% 的孩子没有忍住；对六年级的学生来说，这一比例进一步下降到 38%，只有学龄前儿童偷吃比例的一半。

欢迎大家来到冲动控制这个有趣的领域。冲动控制是执行功能这一大套行为中的一部分。执行功能包括了与计划、预测、问题解决和目标设定等相关的行为，这些活动需要调用大脑的许多功能，其中包括被称为工作记忆的短期记忆。米歇尔和他的同事们发现，孩子的执行功能是其智力的重要组成部分。

我们现在知道，**与智商相比，自控能力在预测孩子将来学习成绩方面更加可靠，并且执行能力引起的智力水平差异并不小。**米歇尔发现，与只能撑住 1 分钟的孩子相比，能够撑住 15 分钟的孩子将来在 SAT（俗称美国高考）中的得分平均高出 210 分。

为什么会这样呢？因为执行能力的高低取决于孩子是否能够过滤掉各种干扰（本例的干扰是曲奇的诱惑）。在今天这个充满了感官刺激，鼓吹大家及时行乐的世界里，这种能力显得尤为重要。无论是我们自己，还是我们的孩子都要面对各种诱惑，但是只要大脑能够透过背景噪声挑选出那些有用的信息，那么执行功能就能让我们把主要精力集中在那些真正重要的事情上，并对其他无益的干扰说不。

在神经生理层面，自我控制源于额后大脑皮质特定区域产生的共同价值信号（一种测量神经活动的指标）：其中一个区域叫作腹内侧前额叶皮质；另一个叫作背外侧前额叶皮质，这个区域会将一串串生物电信号不停地传向前一个区域。孩子越是经常锻炼延迟满足欲望的能力，电信号就传输得越准确，孩子的自控能力也就越强。

我们可以训练孩子，提高他们的自控能力和其他执行功能。当然，这一过程很可能受到遗传因素的影响，人类基因似乎已为孩子预设了相关能力的发展计划。所以，同样是面对诱惑，六年级的孩子要比幼儿园的孩子更有忍耐力。一些孩子起步较早，另一些则较晚，还有一些终其一生都难以抵御各种诱惑，这再一次说明每个大脑的生理特性也是不同的。数据显示，那些能够成功过滤掉干扰因素的孩子在学校里的确表现得更出色。

创造力

我母亲最钟爱的艺术家是伦勃朗，其作品对于光线和空间的运用将 17 世纪的世界栩栩如生地展现在世人面前，让人沉醉其中。而对于 20 世纪的艺术作品，母亲则没有那么热爱。比如，她对马塞尔·杜尚创作的《泉》就颇有微词：这个躺倒的小便器竟然和她钟爱的伦勃朗作品放在同一个艺术殿堂里展出？马桶也能成为艺术品？她对此十分恼火，而对 11 岁的我来说，这简直就是瓦尔哈拉殿堂（北欧神话主神兼死神奥丁接待英灵的殿堂）。

我的好奇心和求知欲是从母亲那里遗传来的，深谙教育之道的她并没有用自己的偏好来左右我，而是顺势激发我的好奇心。一天，母亲买回来两幅画，画的外面用牛皮纸包裹得严严实实。她让我坐下，眼睛一转对我说："如果你想在二维平面中展现出一个三维物体的所有信息，那该怎么办呢？"我冥思苦想，百思不得其解。母亲接着说："这个可能会给你灵感！"母亲曾经做过演员，她很有范儿地将包着画的牛皮纸撕开，原来里面是毕加索两幅名画——《三个音乐家》和《小提琴与吉他》的印刷品。我只看了一眼就爱上了它们。

伦勃朗的画作没给我什么启示，但《三个音乐家》却给我以强烈的震撼，并让我意识到什么是创造力。为什么我会这么想呢？怎样才能辨识出一个人是否有创造力呢？这个问题很难回答，因为不同的个体和文化都有自己的评判标准，就像我的喜好和母亲的大不相同一样。但学者相信，无论用何种标准加以判断，创造力的一些核心组成部分是不可或缺的，这些要素是发现新旧事物之间的联系和创造新事物的能力，比如在二维世界中呈现三维物体。创新过程还必须激发他人的情绪，无论是正面的还是负面的。此外，这一过程必须有成果，而且当事人要冒一定的风险。把音乐家的脸画成炸开了的样子是需要不少勇气的，而在 1917 年纽约展会上将一个躺倒的小便器当成艺术品展出则需要更多的勇气。

人类的创新活动涉及许多认知功能，其中包括情节记忆和自传式记忆系统。和录制情景喜剧的数字录像设备一样，这些系统让你能够记住曾经发生过的各种事情，为个人经历提供一个时空参照系。所以，你能够想起自己去杂货店买了些什么东西，当然也不会忘记那个推着手推车撞到你脚后跟的蠢蛋是谁，这都是情节记忆系统的功劳。此类系统不同于那些让你计算销售税额或解释销售税率名词的记忆系统，它不仅限于情节记忆功能。

富有创造力的人能够将看似不相关的事物联系起来并加以创新。科学家南希·安德烈亚森（Nancy Andreasen）发现，情节记忆系统参与了此类创新认知过程，这个系统位于脑内叫作联合皮质的区域中。在灵长类中，人类的大脑联合皮质是最大的，该区域就像巨大的蜘蛛网，覆盖着额叶、顶叶和颞叶等许多区域。

学者们还发现，创新与风险密不可分。当然，敢于承担风险并不等于鲁莽，这和大学生打赌一口气吞下两个 16 寸的比萨完全是两码事。无论是滥用药物后的莽撞，还是双相障碍发作时的狂躁都不可能让你变得更有创造力。学者将与创新密切相关的风险承担行为称为“功能性冲动”。研究人员发现，有两个不同的神经处理系统与功能性冲动的管理有关：一个系统负责低风险的“冷”决策行为，另一个则负责高风险的“热”决策行为。比如，对孩子来说，是否和要好的朋友外出吃饭就是冷决策的内容，而是否要在朋友的怂恿下点变态辣开胃菜就是热决策的内容。

孩子会做出很多疯狂的举动，那么我们又该如何区分功能性冲动和愚勇呢？很可惜，为孩子或成年人设计的此类测试还没诞生。

男孩和女孩在冒风险这方面的确存在一定的差别，男孩总体上来说不太谨慎。打 2 岁起，孩子的这种性别差异就开始显现，并迅速拉大：与女孩相比，男孩从出生到青春期死于事故的概率比女孩高 73%，而且他们更不守规矩。但在过去几十年里，这种性别差异逐渐缩小，这或许与父母对孩子期望的改变有关。想要在这类问题上区分遗传和环境因素的影响总是非常困难的。

但勇于创新的创业家无论男女都具有功能性冲动，在冒险倾向的测试中，他们的得分奇高无比，而且应对不确定性的能力也很强。在这些人进行创新活动的时候，其内侧额叶和眶额叶（位于眼球正后方的脑皮质）在功能性磁共振扫描图像上显得格外明亮。而一般的管理者在相关测试中的得分没有那么高，其相关脑区域也没呈现出上述特征。

孩子的创造力能够预测吗？心理学家保罗·托伦斯（Paul Torrance）开发了一套长达 90 分钟的测试，名叫托伦斯创造性思维测试（Torrance Tests of Creative Thinking），测试里的问题倒是让孩子们很喜欢。比如，他们会看到一张兔子填充玩偶的照片，然后要在 3 分钟内想出如何对它进行改动，使它变得更加好玩；他们还会看到一幅涂鸦作品，然后在 3 分钟内根据这幅图编故事。托伦斯最早在 1958 年就使用此工具对数百个孩子（后被称为“托伦斯的孩子”）进行了测试。之后，他一路跟踪这些孩子的成长，看着他们长大成人，并定期评估他们获得的创新成果，如拿到了多少项专利，撰写了几本书，发表了几篇论文，获得了多少研究基金，创办了几家企业等。托伦斯于 2003 年逝世，他的同事继续执行着这项研究。

作为一项研究工具，该测试经过了多次正式评估。虽然它有缺憾，但仍可以准确预测一个孩子将来的创造性产出量。实际上，它的得分与创造性产出量的相关系数是智商和创造性产出量相关系数的 3 倍。它已被翻译成 50 多种语言，并有数百万人接受过这一测试。目前，托伦斯创造性思维测试已成为评估孩子创造力的一项重要标准。

语言沟通能力

我初为人父时最难忘的一件事情，便是小儿子诺亚在第 6 个月时第一次说出了多音节单词，我们家当时是一片欢腾。这个孩子生性乐观，嘴上总是带着富有感染力的微笑。对诺亚来说，学说话也是一件快乐的事情。他非常喜欢海洋生物，这或许是《海底总动员》和《国家地理》共同作用的结果。在我们给他换尿片的时候，诺亚能看到天花板上贴着的各种海洋动物图片，其中有一幅红色巨型太平洋章鱼的卡通画。诺亚在 6 月大之前还没有说出一个完整的单词，但奇迹马上就发生了。

一天早上，我赶在上班前匆匆忙忙地给诺亚换尿片，只见他突然停止了微笑，直愣愣地盯着天花板。不一会儿，他费力地抬起小手，指向天花板，随后看着我的眼睛说："章——鱼。"说完便咯咯笑了起来。接着他又指向天花板，大声说："章——鱼。"说罢又笑了。我的心都快要跳出来了。"对，对！"我叫道，"章鱼！"诺亚边笑边回应道："章——章鱼。"我们一遍遍地重复这个单词。我已经记不得那天早上我还做了些什么——应该是请病假了——我抱着孩子一起跳舞，赞颂所有长了八条腿的动物。在随后的几天里，诺亚又陆续说出了大量多音节单词（所以，我又请了好几天病假）。

毫无疑问，语言能力在人类的智力中占有重要地位，就连智商测试也包括与语言能力相关的问题。对刚做父母的人来说，见证孩子开口说话的那一刻是最开心的事情之一，要知道，说话是一项极为复杂的认知功能。那么，又是什么让诺亚和其他孩子在某一天突然开口的呢？这个问题的答案我们不得而知。解释人类如何掌握语言的理论有很多，著名语言学家诺姆·乔姆斯基（Noam Chomsky）认为，在婴儿出生的时候，他们的大脑中已经预装了语言软件，乔姆斯基将其称为普遍语法。

在孩子说出第一个词语后，他们的语言能力便开始飞速发展。到一岁半的时候，大多数孩子可以说出 50 个词语，理解 100 多个词语。等他们长到 3 岁大的时候，这一数字暴增至 1 000 个。而到孩子 6 岁的时候，他们已经掌握了 6 000 个词语。换言之，孩子自降生后起每天平均要掌握 3 个词语。当然，这项浩大的工程还没结束。英语要求使用者掌握 50 000 个单词，这还不包括成语和习语，如“不劳而获”或“第一桶金”。除了词汇以外，孩子们还要学习语音和词语表达出的情感动机，即其社会含义。

婴儿是天生的语言学家，刚刚出生的婴儿就能够辨识世界上所有语言的发音特征。华盛顿大学教授帕特里夏·库尔（Patricia Kuhl）是学习与智力科学研究中心的主任，她首先发现了这个现象，并将这个阶段的孩子叫作“世界公民”。乔姆斯基说：**“人类天生不具备说某种语言的能力，而是具备说任何一种语言的能力。”**

不幸的是，这种状况并不持久。库尔发现，孩子长到 1 岁大的时候就不再能够辨识世上所有语言的发音特征，而只能区分在出生后头 6 个月内听到过的语音。对一个日本婴儿来说，如果在出生后 6 ～ 12 个月内没有人和他说英语，那么他在 1 岁大的时候就无法区分“r”和“l”这两个音了。当然也有例外，接受训练的成年人依然可以学会其他语言的发音，但总体来说，人类语言能力的飞速发展有一个窗口期。孩子出生 6 个月后，除非我们采取干预措施，不然通向语言高速公路的大门就会关上。在孩子 1 岁大的时候，他们的大脑已经做出了影响他们一生的决定。

库尔和其他研究者想知道应该怎么做才能让这扇大门一直保持开启状态。我们是否应该让孩子在这一关键时期听外语录音呢？这么做有效果吗？答案是否定的。如果让孩子看外语节目又会怎样呢？大门还是会关上。只有一件事情能够奏效，那就是用外语和孩子进行交流。所以，必须让一个大活人来到孩子的身边，用外语和他面对面交流，唯有这样，孩子脑内的神经元才会记录下外语的语音、词汇和语法。对这一学习过程来说，信息丰富、即时互动的人际沟通是必不可少的。

上述发现让我们得出了一个重要的结论：只有最基本的人际沟通环境才能营造最自然的学习氛围。该结论得到了各个发展科学领域的实证支持。**智力光靠冷冰冰的、没有生命的机器是培养不出来的；只有在温暖和充满关爱的土壤中，孩子的智力才会萌芽。**你完全可以通过和孩子面对面交流来重塑他的大脑。

听到诺亚清脆的笑声了吗？这就是积极互动对促进孩子智力发育的最好证明。

解码非语言沟通信号

虽然说话是人类独有的沟通方式，但我们的日常交流不仅限于此。人类的许多沟通方法动物也会用，只不过相同举动的具体含义存在很大差别。南加州的某天，阳光灿烂，一个 2 岁大的男孩亲身体验了这种差异，但他付出了惨痛的代价——在医院里整整待了一个星期。

那一天，这个孩子和母亲外出散步时，母亲停下和一个朋友聊起了天。于是男孩一个人跑到了邻居的草坪上。更准确地说，应该是邻居杜宾犬的草坪上，孩子并不知道狗狗不允许他人侵犯自己的领地，他看见地上有一枚闪闪发光的硬币，就跑过去将它捡了起来。这时那条杜宾犬瞪着男孩，叫了几声以示警告，并低下头不停地发出低沉而愤怒的号叫。男孩被吓坏了，抬头直视着狗的眼睛。对狗来说，这一举动意味着宣战。此外，这还意味着男孩很快就会受重伤，被送进急救室。只见杜宾犬飞身扑了出去，朝着男孩的喉咙就咬，男孩用手一挡，这才保住了小命，但他的胳膊因此被缝了 20 针。后来，法庭判令邻居对她的爱犬实施安乐死。这条可怜的杜宾犬其实是无辜的，它只是对特定面部表情做出了本能的反应。

在动物世界中，面对面的交流具有很多含义，其中部分并非表达善意。在哺乳动物的进化史中，通过面部表情来获取信息是一个重大的成就。我们除了使用面部表情以外，还会使用眼神进行交流，而且传达的信息远不止威胁。人类具有世界上最复杂的非语言信号系统。自降生起，我们就用肢体动作以及微笑和皱眉等表情来传递各种社交信息，这些都是外部观察过程的核心。不知大家是否还记得外部观察？这是快速理解他人意图的有效方式。

虽然有关肢体语言的解释有很多（人们有时之所以跷二郎腿或把腿放下只是因为坐累了），但我们还是得到了一些货真价实的发现，其中一部分就和养育子女有关。其中有两项研究非常有趣，它们涉及肢体语言与语言能力之间的关系。

学习手语能提高智力水平

在进化过程中，身体肢体语言和话语所涉及的大脑区域是相似的。最早提出这一理论的是芝加哥大学心理语言学家大卫·迈克奈尔（David McNeill），他认为，虽然说话和进行非语言沟通看似不同，但它们依然保留着原有的密切关系。他说得没错，科学研究用令人诧异的事实证明了这一理论：因为大脑损伤而手脚不能活动的人，其语言沟通能力也会加速衰退。有关婴儿的研究也得到了相似的结果：在手指精细运动控制能力提高之前，孩子们无法掌握复杂的词汇。这一发现非同凡响。肢体语言是通向思维过程的窗户，迈克奈尔如是说。

学习肢体语言能否提高其他认知技能呢？一些研究认为这是可能的，当然我们还需要进行更多研究加以证实。一些听力正常的一年级孩子参加了为期 9 个月的手语课程，课程结束后，他们接受了一系列认知测试。结果发现与其他没有参训的孩子相比，这些孩子在注意力集中程度、空间想象力、记忆力、视觉辨别力相关测试中的得分要高出很多（近 50%）。

婴儿需要面对面的交流

你也许不难猜到，非语言沟通信号的一个重要组成部分就是面部表情。婴儿喜欢凝视人类的面孔，尤其是妈妈的脸；而且就算是陌生人的脸也要比猴子、骆驼、猫或狗的脸强多了。那么，婴儿在人脸上寻觅些什么呢？原来他们找的是情绪信息。你是开心，忧伤，还是害怕呢？

每个人都会花很多时间来理解别人的面部表情。一个人的非语言信号既可以证实他所说的话，又可以展现出此人没有表达出来的情绪，甚至可以告诉你他正在说谎。人际关系取决于我们的解读能力，所以人类会反射性地解读他人的表情，即便是出生几小时的婴儿也不例外。随着时间的流逝，这种技能会不断提高。待孩子长到 5 ～ 7 个月大的时候，他们就能读懂一些更为复杂的面部表情了。一些人生来就精于此道，但他们偶尔还是会犯错，研究者将此称为“奥赛罗之谬误”。

在莎士比亚的悲剧中，摩尔人统帅奥赛罗觉得妻子背叛了他，晚上就寝时他一脸愤怒，妻子见状恐惧不已。但在奥赛罗的眼里，妻子的表情反而恰恰印证了他的猜测。在掐死妻子之前，他道出了下面这段充满爱恨情仇的话语：

> 让她今夜腐烂、死亡、堕入地狱吧，因为她不能再活在世上。不，我的心已经变成铁石了；我打它，反而痛了我的手。啊！世上没有一个比她更美丽的可人儿；她可以睡在一个皇帝的身边，命令他做任何事。

彻底搞懂面部表情的含义需要多年的经验。和奥赛罗一样，成年人也免不了会犯错，提高解读准确率的唯一方法就是多和人交往。所以，你应该和自己的孩子多多进行面对面的交流，而不是让他们整日和电脑、电视机为伴。婴儿大脑的健康发育离不开与父母的持续交流。

除此以外，让他们接受心理学家保罗·埃克曼（Paul Ekman）的训练也是不错的选择。

面部微表情揭示真实情感

保罗·埃克曼曾是加州大学旧金山分校的教授。他很少错解人们的面部表情，这是因为埃克曼编录了人类面部表情 10 000 多种可能的组合，并创建了面部动作编码系统（Facial Action Coding System，FACS）。该研究工具让受过训练的观察者能够通过辨别与特定表情相关的面部肌肉动作来确定对方表达的含义。

埃克曼使用这些工具获得了一些有关人类表情识别的惊人发现。首先，全世界的人们都用相似的面部肌肉表达类似的情绪。这些通用的基本情绪是高兴、悲伤、惊讶、厌恶、愤怒和恐惧（该发现一开始让学者非常吃惊，因为当时的研究认为，人们的文化背景和风俗习惯不同，其面部表情也可能会有所不同）。其次，我们对面部表情施加的有意识控制是有限的，换言之，我们在不经意间已向别人泄露了许多信息。比如，眼睛周围的肌肉就不受意识控制。所以，我们可以通过识别这些特殊部位来判断一个人的真实情绪。

在埃克曼收集的一盘录像带中，一个心理医生和他的重症病人简正在进行交谈。简患有极为严重的抑郁症，所以她不得不住院接受监管以防自杀。在病情有所好转后，她恳请医生放她回家度周末。在医生同意她的请求时，镜头给了简一个大特写。埃克曼慢速回放这段录像时，他看到一丝深深的绝望在她脸上一闪而过，她无法掩饰住这种情绪。就在简离开医院前，她向医生承认自己回家是准备自杀的。这真是不幸中的大幸。埃克曼用这段录像来训练警察和精神卫生专业人员。他会定格画面，然后问学生有没有看到那迅速闪过的一丝绝望，整个表情延续的时间只有 1/5 秒。一旦学员明确要寻找哪些信号，他们的辨识能力就会大幅提高。

这些稍纵即逝的表情叫作微表情，它们延续的时间只有几分之一秒，但却能够在当事人来不及深思熟虑的情况下揭示他们的真实情感。一些人很善于侦测和解读这些微表情，他们能够马上揭穿谎言（热播电视剧《别对我撒谎》就是根据相关理论进行创作的）。埃克曼发现，他可以教会人们如何解读这些微表情，来帮助他们提高获取非语言线索的能力。

大脑损伤导致脸盲症

我们怎么才能知道识别面部的能力是如此重要呢？我们脑内的信息处理资源非常有限，但其中就有一大块（包括名叫“梭状回”的重要区域）是专门用来处理面部信息的。由此可见，这一功能极为重要，否则人类的大脑不会如此大手笔地使用这么多宝贵资源。

当这些区域受伤时，病人认不出站在面前的熟人是谁，这一障碍被称为“面孔失认症”或“脸盲症”。在照顾患有此病的孩子时，父母必须和他们说清楚谁穿着橙色 T 恤衫，谁又穿着红色的裙子，如若不然，他们就无法认出和自己玩耍的小伙伴都是谁。出问题的不是他们的眼睛，而是他们的大脑。

表情解读促进团队合作

我们的祖先生活在无情的非洲大草原上，正确解读肢体语言和面部表情对他们的生存至关重要。因为无论是猎杀大型动物，还是和近邻相处，社会协作都十分必要，这一能力和其他一些禀赋使人类能够进行有效的团队合作。大多数学者相信，强大的团队合作能力足以弥补人类在其他生理方面的劣势。

表情解读能力是如何帮助团队进行合作的呢？在高风险情境中进行合作要求我们时刻明晰他人的意图和动机，而通过表情洞察他人的想法能够帮助我们更准确地预测对方的行为（橄榄球队的四分卫最清楚这一点了）。并且这个办法非常快捷有效。在人类的祖先中，精于此道的人更善于在大草原上与他人合作。今天，如果有人无法根据别人的表情推断对方的情绪状态，那么我们就会认为他们患上了孤独症，患有这一障碍的孩子通常很难进行团队合作。

革新者是非语言沟通信号解读专家

在 21 世纪，如果一个孩子善于解读非语言沟通信号，是否就意味着他将来能够在工作中出类拔萃呢？对成功创业家进行研究的学者认为这个问题的答案是肯定的。我们已经介绍了革新者 5 种共有特征中的 3 种，剩下的 2 种与社交能力密切相关。

- 善于结交背景不同的人士。成功的创业家会被与自己教育背景非常不同的人所吸引，这样，就算是碰到了自己不熟悉的领域也没关系，因为他们的朋友可以助其一臂之力。不过，这种本领可不容易学。他们是如何做到的呢？这个问题的答案隐藏在最后一个共同特质之中。
- 善于密切观察别人行为的细节。创业家天生就善于解读别人的肢

> 体语言和表情，正是这一特点帮助他们结交到背景不同的朋友，并从这些人身上获得自己并不熟悉的知识。

你是否希望自己的孩子长大后也能成为成功的革新者呢？如果是的话，你就要从小培养他的好奇心和非语言沟通能力。

智商测试范围之外的能力

无论是喜欢探索，善于自控，还是富于创造和进行非语言沟通，智力的构成要素显然是多种多样的。标准的智商测试虽然能够在一定程度上预测孩子未来能否成功，但上面提到的这些重要特质大多不在其测量范围内。每个孩子都是不同的，他们当然会各有所长，一些重要的特点就算我们说出来父母也未必会相信（比如，孩子能否成为创业家与他解读面部表情的能力有关）。所以，如果你的孩子在某项智商测试中没有取得好成绩，这并不意味着他没有前途，因为孩子所拥有的其他超常能力或许不在此测试的测量范围内。

当然，并非所有孩子都能成为爱因斯坦，这些天才所具有的禀赋不是每个人都有的，而且部分才华与遗传有关。不过，正如大家所知道的那样，决定智力水平高低的并不只是种子。我们接下来就要谈一谈让智慧种子发芽并茁壮成长的土壤。

温馨回顾

- 智力有一半是由遗传因素决定的，对于此类因素你改变不了什么。
- 智商测试确实具有一定的预测能力，但它仅仅是一种工具。
- 智力有很多要素，包括探索力、自控力、创造力和沟通技能等。

Brain
Rules for Baby

第4章 提供聪明的养分

大脑规则

有安全感的孩子更聪明。

夸孩子努力，而不是夸他们聪明。

每天引导孩子进行开放式游戏。

孩子需要真实的情感交流，而不是简化的数码交流。

罗斯福小时候身体非常虚弱，他的父母不得不在家里教他，没想到这反倒变成了一件好事。罗斯福的父亲可能是世上最好的父亲，在家中接受教育也让罗斯福有机会和父亲长时间相处。如果有人要对那些病弱孩子的父亲加以褒奖的话，父亲老罗斯福一定榜上有名。罗斯福在回忆录中写到，为保证他能够顺畅呼吸，父亲经常用粗壮的臂膀抱着年幼的他在门厅里来回走动，一走就是几小时。天气晴好时，他们会去户外活动；天气不好时，他们就泡在图书馆里。小罗斯福渐渐变得强壮起来。每到关键时刻，老罗斯福就会鼓励儿子努力奋斗，永不放弃。成为总统后，罗斯福在日记中这样写道：

> 尽管父亲对我照顾得无微不至，但智慧的他知道如何不宠坏我。也正是因为他，我明白了自己一定要发奋图强，而非自暴自弃，并且要为担负起世界的重担做好准备。

虽然老罗斯福并不懂认知神经学，但在教育孩子这方面他却做得很好。小罗斯福天资聪慧，并且家境富裕，并不是每对夫妻都能给孩子创造这样的条件，但我们也不应该忘记，老罗斯福还为孩子创造了一个温暖和睦的家庭环境，并加以循循善诱。这两件事其实是每一个父母都能够做到的，而且你还能做得更多。虽然每个孩子的禀赋有所差异，但父母能够帮助他们充分发挥自己的智力潜能。我们到底应该怎么做才能培养出聪明的孩子呢？

为了增加土壤的肥力，必须好好配置一下肥料，我们不但要增加一些有益成分，而且要剔除掉有害成分，两者同等重要。在配方中，4 种营养成分必不可少，它们分别是母乳喂养、经常与孩子交谈、引导孩子的玩耍和表扬努力。成分含量需要随着孩子的成长不断进行调整。脑科学研究还让我们当心一些毒素，它们是拔苗助长，孩子因过于紧张而陷入“习得性无助”之中，还有让 2 岁以下的孩子看电视等。同时，教育孩子的关键是在自由发展智力和制定严格规范之间找到平衡点。

大脑需要安全的环境

我首先要纠正一种错误认识：许多善良的父母认为孩子的大脑对学习很感兴趣，这种观点并不准确。大脑感兴趣的不是学习而是生存。人类所具有的每一种技能都是为了避免自己被灭绝而进化出来的。学习能力也不例外，如果它无助于我们的生存也就毫无价值可言，只是让大家能够在课堂里学习数学和外语罢了。但我们必须清楚地认识到，这不是大脑的主业，它只是一种副产品，大脑的首要目标是让每个人能够活到明天。**我们不是为了学习而生存，而是为了生存而学习。**

明确这一点非常重要。如果你想让孩子接受良好的教育，就必须为他们创造安全的环境。当安全需要得到满足之后，大脑就能在完成主业的情况下兼职学习代数；如若不然，大脑就没有剩余的资源来学什么代数。老罗斯福所做的首先是抱起孩子，给他充分的安全感，这样小罗斯福才能愉快地徜徉在知识的海洋中。

人在遭受攻击的时候最清醒，可见大脑对安全是多么看重。有一种现象叫作“武器聚焦”，即受害者往往记不清攻击者的体貌特征，却能详细描述凶器的具体细节。“他左手拿着一把木头柄的廉价手枪。”受害者可能会这么说。他们记不清罪犯的面容，而只记得对方使用的凶器，这对破案没有丝毫帮助。为什么会出现这种情况呢？因为大脑最在乎、最关心的就是安全。而罪犯手中的武器对受害者的生命构成的威胁最大，所以它将所有精力都聚焦在武器上，这是大脑与生俱来的倾向。即便是在这样危险的情境中，大脑也在进行学习（压力能促使我们集中精力），只不过关注的对象是威胁的来源罢了。

某航空大学的一位飞行教员在教学中也发现了安全对大脑的重要性：有个学生在地面上学习成绩非常优秀，但只要一上天就会出状况。一次飞行训练中，她错解了一个仪表的读数，坐在旁边的教官对她大声吼叫，命令她集中精力。事与愿违，女孩竟然哭了起来。虽然她努力观察仪表，但怎么都无法集中精神。于是教官接管了操控权，把飞机降落在跑道上。到底怎么回事呢？从大脑的角度来看，女孩的反应没有任何问题，她当时最关注的是威胁的来源——教官的怒吼。这便是“武器聚焦”，只不过飞行教官代替了小手枪罢了。

对教育孩子来说也是如此。对于大脑，放在首位的永远是安全，只有在安全需要得到满足后，其他任务才在考虑之列。

大脑的 4 种营养成分

现在可以说一说如何配置肥料了，首先让我们仔细聊聊 4 种营养成分：

- 母乳喂养。
- 与孩子对话。
- 开放性活动。

- 表扬努力。

母乳喂养

一次，我和一个初为人母的老朋友去饭店吃饭，她还带着孩子。一进饭店，我的朋友就坚持要找一个僻静的角落坐下。5 分钟后，我知道她为什么要这么做了。原来，她的孩子一闻到食物的香味就会肚子饿，所以我的朋友不得不小心地解开上衣，调整胸罩，给孩子喂奶，孩子则紧紧地贴在她的胸口。她偷偷摸摸地喂着奶，生怕被别人看到。“我有过因为给孩子喂奶而被赶出来的经历。”她解释说。虽然穿了一件超大号的毛衣，但在让服务员下单的时候，她还是紧张不已。

如果人们知道母乳喂养对这个国家的年轻公民有多么重要的话，那么给孩子喂奶的母亲应该感到光荣而非尴尬。虽然大家对相关议题争论不休，但科学界却对此达成了共识：对正在发育的婴儿来说，母乳就是神奇子弹，它含有重要的盐分和维生素，而且能够提高孩子的免疫力，防止他们的听觉系统、呼吸系统和肠胃受到感染。**来自世界各地的研究都已经证实，母乳喂养的确能够让孩子变得更加聪明。**这一结论可能会让许多人感到意外。在美国，与吃奶粉的孩子相比，母乳喂养的孩子智商平均高出 8 分，而且在断奶 10 年之后，这一差别依然存在；同时这些孩子的学习成绩也更好，尤其表现在阅读和写作方面。

为什么会这样呢？我们找到了一些答案，但还不确定。母乳中的一些营养成分对婴儿的发育非常重要，但婴儿自身却不能很好地合成这些物质。牛磺酸就是其中之一，这是一种对神经发育至关重要的氨基酸；母乳还含有 Ω-3 脂肪酸，之前已经谈过这种营养物质对孩子认知发育的重要性。美国儿科医学会建议：在婴儿出生后的头 6 个月里都要进行母乳喂养；当孩子进食固体食物之后，母亲还是要坚持母乳喂养，直到孩子 1 岁时断奶。如果一个国家想要拥有更加聪明的公民，那么就必须在所有公共场所设立母婴室，门上还应该挂一块牌子，上面写着："请保持安静！大脑发育正在进行中。"

经常与孩子对话

在很长一段时间里，我和妻子一直不明白 9 个月大的乔舒亚在说些什么。只要一坐上汽车他就会说"哒"，然后不断地重复，"哒哒哒，哒，哒哒，大哒，大哒"。他的话听起来有点儿像警察乐队的老歌。我们对此感到非常困惑，只能附和道："哒？"儿子则会用"哒"回答我们。我们的回应有时会让他感到高兴，有时则完全没用。一天，我们突然搞明白了他说的是什么意思。那天阳光明媚，我们开着车在州际公路上飞驰。汽车的天窗开着，一抬头就能看见天上飘着的朵朵白云。

乔舒亚看见一架飞机从头顶飞过，他兴奋地叫道："天哒！天哒！"妻子恍然大悟。"我觉得他说的是飞机！"她说。她一边指着天上一边问孩子："天哒？"乔舒亚开心地点点头说："天哒！"就在这个时候，一辆大卡车轰隆隆地从我们身边开过，乔舒亚立刻用手指向卡车说："哒哒，哒哒。"我的妻子指着远去的卡车问道："大哒？"乔舒亚兴奋地答道："大哒！"随后便不停地"哒哒哒"。我们终于明白了，乔舒亚嘴里的"哒"其实就是交通运输工具。后来我们看到一艘巨轮驶过普吉湾，我指着那艘集装箱船问儿子："水哒？"他坐起来盯着我，好像我是从火星来的。"湿哒。"他纠正我，就像一个不耐烦的教授教笨学生一样。

在与孩子的交流中，很少有比学习他们的语言更让人快乐的事情了。而当他们开始学习成年人的语言时，将一筐筐词语装进他们的小脑瓜是父母对孩子大脑发育所做的最有益的贡献之一。所以，请你尽可能多地与孩子进行交谈，它的益处已经被许多相关研究所证实。

一些侵入性研究发现了词汇和聪明之间的联系。在此项研究中，调查者在 3 年内每月造访一些家庭，并对父母和孩子之间的语言沟通进行了详细记录。他们仔细测量词汇的数量、多样性、词汇增长率、语言交流频度以及语言的情绪内涵。在访问结束前，调查者会给孩子做智商测试。总共有 40 多个家庭接受了多年跟踪调查，在研究者对数据进行详尽分析后，有两个结论脱颖而出。

词汇的多样性和数量都至关重要

父母和孩子的交流越多越好，即便孩子刚刚出生，这样也能提高孩子的语言能力，并加快语言水平提高的速度。最好是每小时和孩子说 2 100 个单词。词汇的多样性（词语种类，如名词、动词、形容词，以及词组、句子的长度和复杂性）和词汇的数量几乎一样重要。此外，积极反馈的数量也很重要，你可以通过互动来提高孩子的语言能力：看着孩子，模仿他们的话语、笑声、表情，用你的高度关注来鼓励他们说话。跟那些与父母交流少的孩子相比，经常与父母进行高质量交流（父母用语丰富，反馈积极）的孩子的词汇量至少是前者的 2 倍；上学后，这些孩子的阅读、拼写和写作能力也比前者强很多。即使孩子不会像成年人那样对你的话语做出反应，但他们时刻都在倾听，这对大脑发育是很有好处的。

对话能够提高孩子的智商

和婴儿进行对话还能提高他们的智商，即便控制了一些重要的变量，比如收入水平，这一结论依然成立。在 3 岁以下的儿童中，经常和父母交流的孩子（对话组）的智商比交流少的孩子（寡言组）高 1.5 倍。前一组的孩子学习成绩也较好，这应该与他们智商水平的提高有关。

但不要忘记，为了促进孩子的大脑发育，必须和他们进行面对面的人际交流，所以你要准备好的不是便携式 DVD，而是你自己。

说什么？怎么说？

虽然每小时说 2100 个单词听起来很多，实际上这只是正常对话的语速。在工作之外，一个普通人每天平均要听到或看到约 10 万个单词，所以你没有必要对着孩子喋喋不休。俗话说“过犹不及”，因此要随时注意观察孩子是否已经感到疲倦。你千万别觉得自己说出的话听起来很傻：“我们现在要给你换尿片啦！”“看看那棵漂亮的树！”“这是什么呀？”你还可以在上下楼梯的时候数台阶。总之，你要习惯和孩子说话。

除了说什么内容以外，怎么说也很重要。我曾担任塔拉利斯研究院的主任，该机构制作的指导 DVD 中有这么一个场景。

一群粗壮的男人一边吃爆米花一边看橄榄球比赛，他们的眼睛都直愣愣地盯着电视机屏幕。一个婴儿坐在一旁的游戏围栏里玩得不亦乐乎。就在比赛进入关键阶段的时候，一个壮汉对着四分卫叫道：“来吧，你可以的！你能做到的！我们需要你！”比赛异常激烈，所有男人都又跳又叫。一旁的孩子被吵闹声吓到了，哭了起来。那些男人中最强壮的——他的父亲，赶紧跑到婴儿身边，用树干一样粗的臂膀抱起孩子。“嗨！小宝贝，”他尖声说道，“你也想参加我们的聚会吗？”一旁的男人都看傻眼了。“看看爸爸的小宝贝！”那个壮汉继续像唱歌一样地说道：“让我们吃一点儿面——条。”于是他抱着孩子走进了厨房，其他的男人都不敢相信自己的眼睛。比赛继续进行着，而那个壮汉则在厨房里开心地给他的宝贝喂面条吃。

我们已经领教了婴儿对父亲施展的魔力。但这个爸爸为什么会尖声说话呢？实际上，全世界的父亲都是这样和婴儿说话的，这种话语被称为“父母语”。在婴儿的耳朵里，这种语调听起来非常悦耳。

父母语的特点就是音调比较高，元音拖得比较长，好像唱歌一样。这种语调能够帮助婴儿进行学习。当然大多数父母不会意识到这一点。这种说话方式为何有益于婴儿的学习呢？因为如果我们说话比较慢，对方就比较容易理解我们在说什么，同时父母语还会让每个元音变得更加清晰。这种夸张的说话方式有助于孩子辨识不同的单词，帮助他们对不同的发音进行归类，而且较高的音调能够方便孩子模拟话语的特征。毕竟，孩子的声带只有成年人的 1/4 长，能够发出的声音不多，而高音是他们的拿手好戏。

那么，你应该从什么时候开始和孩子进行这样的对话呢？确切的答案没人知道，但我们认为，孩子一生下来你就可以进行这类对话了。正如学梅尔佐夫吐舌头的那个婴儿所展现的那样，孩子在出生 42 分钟后就能和成年人进行交流。虽然不会说话的婴儿看似听不懂我们在说什么，但实际上他们会处理大量语言信息，**就算是给 3 个月大的孩子念书也是有益处的**，特别是当孩子就在你的身边，而且可以和父母进行即时交流的时候。

教育心理学家威廉·福勒（William Fowler）训练一些父母用上述方法和孩子讲话，结果他们的孩子在 7 ～ 9 个月大的时候就能开口说话，一些甚至能够在 10 个月大的时候说出整句话来。他们在 2 岁时就已经掌握了大部分基本语法，而普通的孩子要到 4 岁才能达到这一水平。长期研究显示，经过训练的孩子在学校里表现出色，他们在数学和其他科学课程中的成绩都不错；进入高中阶段后，62% 的孩子被选进了天才班或提高班。福勒培训课程的核心内容还有待进一步研究，但其效果确实显著，这再一次证明**和婴儿讲话对于他们的神经发育来说非常重要。**

显然，语言交流是婴儿智力发育的肥沃土壤。随着孩子渐渐长大，其他营养成分也变得同等重要。接下来就让我们聊聊自发式的玩耍。当我的孩子还不到 4 岁时，我就鼓励他们这样开心地玩耍。

开放性活动："玩耍万岁"

那是一个圣诞节的早上，我为两个儿子准备了一款轨道赛车玩具，并把它包好放在圣诞树下。我迫不及待地想看到孩子们打开礼物时欢呼雀跃的样子，他们一定会非常喜欢这个圣诞礼物。可是我的希望落空了，孩子们打开礼物后显得异常平静。一分钟后，他们把赛道组件扔在了一边，却兴奋地把包装盒举过头顶。

"我知道了！"一个儿子叫道，"这是飞机！""不，"另一个喊道，"这是宇宙飞船！""对，是宇宙飞船！"他们很快就达成了共识，并把放在地上的一些蜡笔拿了起来。没过多久，他们又开始在玩具包装盒上画各种神秘的圆圈、线条和方块，全然不顾躺在一边的玩具组件。我纳闷地站在一旁，心想为什么要花这冤枉钱。

我的大儿子高声喊叫着冲上楼梯，去卧室寻找更多蜡笔。他发现了一个很大的空纸板箱，这个箱子原本是用来装我们新买的椅子的。"哦耶！"大儿子边叫边把箱子往楼下拖。"这是驾驶舱！"在接下来的 2 小时里，两个小家伙忙得不可开交，他们把各种图案画在纸箱上，并用胶带把玩具包装盒绑在纸箱上。"这是关押外星人的地方。"一个孩子煞有其事地向我解释道。他们还在纸板上画了仪表盘，把纸筒当成激光炮。此外，还画了一个可以用来炸薯条的厨房。在剩下的时间里，他们一直驾驶着自己的宇宙飞船在太空穿梭，还编造出各种奇奇怪怪的假想敌，比如邪恶的山狸和海草女王。他们已经"离开"了西雅图，来到了电影《星际迷航》的阿尔法象限。

我和妻子笑得眼泪都流出来了。对任何父母来说，看见孩子那么有创造力总是一件很高兴的事情。得到好处的不仅是父母，孩子的大脑发育也会因为这种开放性玩耍而得益。

各种电子益智玩具不是对孩子的智力发育更有好处吗？不是应该让他们去上法语课，然后进行数小时军事训练吗？当然，我并不反对在孩子上学后对他们进行纪律约束，但是许多父母对孩子的未来有些太担心了，以至于他们对孩子发展的每一步都进行了过于严格的计划，并且非常害怕开放性活动。从 1981 年到 1997 年，孩子们自由活动的时间减少了约 1/4，旨在开发儿童智力的产品却如雨后春笋般大量涌现，形成了规模达到数十亿美元的巨大市场。但这些玩具往往不是开放性的，对婴儿来说，有什么比早教 DVD 更具破坏性的呢？

对孩子的神经发育来说，开放性活动和蛋白质一样重要。实际上，装识字卡片的包装盒很可能比卡片本身更加重要。研究显示，开放性活动对儿童智力发育的方方面面都有极大的益处。与控制组孩子相比，经常进行开放性活动的孩子具有下列优势：

- 更有创造力。对于特定物体，他们能够想出更多非常规的使用方法。他们想出的用法数量是控制组的 3 倍。
- 语言能力更强。这些孩子说话更加流畅，词汇量更大，而且所使用的词语种类更多。
- 更善于解决问题。问题解决能力属于流体智力，是智力的一个基本组成要素。
- 更善于排解压力。这些孩子的焦虑水平只是控制组孩子的一半。这一现象或许能够用来解释他们为何更善于解决问题，因为解决能力对压力水平非常敏感。
- 记忆力更好。开放性活动能够提高记忆力。例如，能想象出自己正在超市购物的孩子所记住的物品数量是控制组的 2 倍。
- 更善于社交。犯罪统计数据能够显示开放性活动对提高儿童社交能力的作用。如果出生在低收入家庭中的儿童能够在上学前经常进行开放性活动，那么他们到 23 岁时因犯重罪而被捕的概率不

> 到 7%。而对背景相似，且经常参加指令化活动的孩子来说，这一比例高达 33%。

当然，此类研究数据逃不开蛋生鸡还是鸡生蛋的逻辑，所以我们还是要保持警惕。玩耍到底是一种学习新技能的方法，还是对已掌握技能的练习或巩固？新研究提出的问题是：在孩子进行开放性玩耍时，是否某些特定行为带来了上述益处？答案是肯定的。

并不是所有开放性玩耍都有好处，神秘的关键要素并不是非结构化和为所欲为。对孩子放任自流，进行散养的理念可以追溯到之前的一种浪漫观点，它认为孩子生来就具有色彩斑斓、完美无缺的想象力，而且他们在想象中创造虚拟世界的本能是没有瑕疵的，所以孩子只要能够获得足够的自由就能茁壮成长。这种观点有一定道理：孩子们很有创造力，也很有好奇心，我儿子或许是我想象力的最大源泉。但孩子们毕竟缺乏经验，他们还没有充分掌握释放自己潜能的要领，这就是他们依然需要父母的引领的原因。

让我告诉你吧，真正的要点在于控制冲动和自我约束，这些都是执行功能的具体体现，也是智力的重要组成部分，我们已经在前一章有关孩子抵御诱惑的实验中提到过这些行为。研究数据清晰地显示，父母可以根据上述原则来设计家庭游戏室。

心智工具：过家家游戏

真正有效的玩耍就是成熟角色扮演，类似于我们平日所说的过家家游戏，但为了让它见效，孩子每天都必须花几小时进行此类活动。一项名为心智工具（Tools of the Mind）的教育计划就是以这些活动为主的，而且该项目的效果还接受了随机测试，在同类教育计划中这种情况可不多见。

开发该项目的灵感来自苏联心理学家列夫·维果茨基（Lev Vygotsky），此人英俊潇洒，博学多才，却不幸英年早逝。维果茨基起先热衷于文学分析，18 岁的时候就写过一篇有关哈姆雷特的著名评论；后来他下决心成为一名医生，于是去莫斯科大学医学院求学；没过多久，他又变卦了，转学去了法学院并很快被一所研究文学的私立大学录取。似乎觉得自己涉足的领域还不够多，维果茨基又获取了心理学博士学位。几年后，38 岁的他离开了人间，但他在心理学领域的 10 年辛劳留下的丰硕成果以及提出的理论，在当时是相当具有突破性的。

在那个时代，研究孩子过家家游戏的心理学家可不多，维果茨基就是其中之一。他认为，根据 5 岁以下儿童在玩过家家游戏时体现出的想象力能够更好地预测他们将来的学习成绩，包括数学和语文，这是因为此类活动能让孩子学习如何调节自己的社交行为。

现在的美国人大多会觉得玩过家家游戏非常自由，但在维果茨基的眼里，**过家家游戏是孩子能够体验的限制性最强的活动。**如果小萨沙要扮演厨师，那么他就必须遵守厨师的规矩，按照别人对厨师的期许行事。如果孩子们想在游戏中交朋友，那么他们也要守规矩。他们或许会讨价还价，直到商量出大家都同意的行为准则，并提出执行准则的方法。维果茨基认为，自控能力就是这样一步步培养起来的。在群体情境中，这些任务对智力的要求很高，即便对成年人来说也是如此。如果你觉得这听起来有些像现代版的执行功能，那么恭喜你猜对了。维果茨基的追随者让我们看到，**经常玩过家家游戏的孩子更善于控制冲动。**虽然维果茨基的其他研究成果多少有些问题，但上述有关自控能力的结论却一直为科学家所认可。

后续的大量研究不断证实了上述结论，心智工具项目随之应运而生。该项目有几个组成部分，但其中三个部分与本章的讨论最为相关，它们分别是游戏计划、角色扮演练习以及游戏环境。接下来就让我们对这些部分逐一进行讨论。

游戏计划

在开始一天的游戏之前，他们要用彩笔填写一份游戏计划，明确说明今天要玩些什么，比如，“我要和娃娃在动物园喝茶”，或“我要用积木搭一座城堡，然后自己扮演骑士”。在进行游戏的时候，孩子们会随身携带一个写明游戏内容的剪贴板。

角色扮演练习

随后指导老师会帮助孩子进行角色扮演练习。这些指导虽然非常明确，却没有规定游戏的结果。比如，“我要想象自己的宝贝在哭泣。你的宝贝在哭吗？我们应该说些什么呢？”

小家伙们随后可以充分发挥自己的想象力。每个周末，孩子们要和指导老师开一个简短的“学习会议”，分享自己的体会和学习心得。此外，孩子们自己也要开会，对于纪律的强调常常会演变为旨在解决问题的集体讨论。

游戏环境

心智工具项目的教室很像圣诞节早上的客厅，因为那里满地都是积木、拼图和沙箱，孩子们可以用这些材料创造崭新的世界。扮演各种角色的服装道具也一应俱全，此外还有一堆纸盒！孩子们有足够的时间和空间进行交流。上述条件让孩子们的想象力得以充分发挥，让他们在自己的世界里自由驰骋。

该项目还包括许多其他活动内容，我们尚不清楚哪些活动的组合效果最好，也不知道该项目的长期效果如何。在我撰写本书的时候，至少有 4 个大型长期研究试图回答这些问题，但无论如何，该项目的确有效。不管你进行何种有关执行功能的测试，参加该项目的孩子都要比控制组的孩子出色很多，他们的得分高出 30% ～ 100%。这也意味着他们的学习成绩更好，因为研究表明执行功能水平高低是与学习成绩最为相关的两个因素之一。同时这些孩子也会获得我们之前提到的那些益处，这些结论中本来就有很多来自该项目。

习惯于传统思维的人们可能不太容易接受这些结果。不少人觉得死记硬背能够提高孩子们的学习成绩，而上述研究却明明白白地告诉大家：情绪调节和冲动控制与智力水平更加相关。这一结论非常具有突破性，它将智力和情绪处理能力联系在了一起。我并没有完全否定背诵的重要性，毕竟大脑中数据库的大小对于学习质量的高低影响不小，但有一点是很清楚的，那就是维果茨基找到了宝藏。

对孩子付出的努力进行表扬

我们接下来要介绍另一个天才，她就是伊夫琳·伊丽莎白·安·格伦尼（Evelyn Elizabeth Ann Glennie）。虽然她和维果茨基没有生活在同一时代，但如果他们相遇的话肯定会彼此欣赏。格伦尼是世界顶级的，也可能是最多才多艺的打击乐手。她在伊顿公学（Eton College）和伦敦的皇家音乐学院（London's Royal Academy of Music）学习，并于 1989 年获得格莱美奖。虽然格伦尼在音乐事业上成果卓著，但最值得人们称道的并非她的音乐才华。

格伦尼听不见声音。可以想象，为了追求自己的音乐梦想，她需要付出多大的努力。她在 12 岁时失聪，自此以后，上音乐课的时候她就会把双手贴在墙壁上感觉乐音引起的振动，并且能够在大脑中将这些振动翻译为美妙的乐曲。她经常在舞台上赤脚表演来帮助她感受音乐。如果少了这一非凡的决心，格伦尼的音乐才华也就无从展现。在一次采访中，记者不断围绕着“失聪”这个议题发问，被惹恼的格伦尼答道：“既然你那么想了解失聪，就去采访听觉专家吧，音乐才是我的专长。”

大家都知道，获得如此非凡成就靠的不是高智商，而是勤奋。每一位有经验的父母都明白，天资聪慧并不能保证孩子被名校录取，甚至无法保证孩子在数学测验中拿高分。虽然总体来说，用智商预测孩子的学习成绩效果不错，但就具体某个孩子而言，这个指标并不像大家想象的那样靠谱，比如对于下棋这样的高智力活动，智商也未必能够用来准确预测孩子的表现。

导致孩子成绩差异的并不是什么神秘的原因，而是勤奋努力的程度（在其他条件相等的情况下），并且这一因素是可控的。从心理学的角度来看，勤奋表现出的是集中及保持注意力的能力；此外，勤奋还与控制冲动以及延迟满足有关。这些听起来是不是和执行功能很相像呢？只不过勤奋还有其他一些特性罢了。

那么，怎么做才能让孩子发奋图强呢？关键在于如何表扬孩子。这听起来似乎有些让人不解。在孩子的眼中，你所表扬的内容就是他们继续追求的方向。父母们经常在这一问题上犯错误，这造成了教师们最不愿意看到的结果：一个聪明的孩子却厌恶学习。伊森就是这样一个孩子，他来自西雅图，父亲是位资深教授。

伊森的父母总是夸他："伊森，你太聪明了！什么都难不倒你！我们为你骄傲！"只要伊森在数学、拼写等各种测验中取得好成绩，父母就会这样赞美他。虽然这种做法的出发点是好的，但它却将伊森获得的成绩与他天生的小聪明联系在一起，研究者称之为"诉诸固定思维定式"。伊森的父母并不知道，这种表扬方法对孩子其实是有害的。

小伊森很快就觉得，自己之所以能够轻松取得好成绩都是因为他比别人聪明。上初中后，伊森碰到了光靠小聪明解决不了的问题，他不再能够像以前那样轻松地过关斩将，而且生平第一次在学习上犯了错。他没有将这些错误视为改进的机会，毕竟，伊森之所以认为自己聪明是因为他以前可以随便地轻松搞定各门学科。但现在他却无法做到了，这意味着什么呢？难道自己没有以前那样聪明了吗？由于从未认真总结过成功经验，伊森也不知道在失败后应该怎么做。对于一路顺风顺水的孩子来说，稍稍经历几次失败就会让他们一蹶不振。果然，伊森很快就放弃了，他的学习成绩也一落千丈。

为何不能夸孩子聪明

研究显示，长期将孩子的成功归因于某种固定特质就会造成伊森这样的情况。如果你一直用这种方式来表扬孩子，那么有 3 件事情很可能会发生：

首先，孩子会把错误视为失败。由于你的表扬让孩子觉得自己的成功源于某种静态的“天资聪颖”，所以他会把失败（如成绩不理想）认为是因为某些方面不够聪明，而且这种情况是无法改变的。这样的孩子更倾向于将成功视为天赋，而不是后天努力的结果。

其次，也许是对于第一种情况的反应，孩子会变得更在乎自己看起来是否聪明，而不是能否学到有用的知识（虽然伊森很聪明，但他只想着轻松搞定考试，或者在人们面前表现得很聪明。总之，他所关注的已经不再是学习本身）。

最后，孩子不再愿意找出问题到底出在哪里，并且变得不愿勤奋努力。他们很难承认自己的错误，因为承认错误就意味着对自我的全盘否定。那么，又有谁肯冒这个险呢？

应该对孩子说“你很努力”

伊森的父母应该怎么做呢？相关研究得出的答案非常简单：他们不应该夸孩子聪明，而是应该表扬孩子付出的努力。当孩子取得好成绩的时候，他们不应该说“你真聪明，真是爸爸妈妈的好孩子”，而应该说“你学习很努力，我们为你感到骄傲！”。这样，他们表扬的对象就从相对固定的天赋变成了可控的勤奋努力程度。这类做法属于“成长思维定式”类型的表扬。

30 多年的研究告诉我们，与经常接受“固定思维定式”表扬的孩子相比，经常接受“成长思维定式”表扬的孩子学习成绩好很多，他们长大后也更加成功。这一结果并不令人感到意外，因为这样的孩子总是以积极的态度来面对失败，他们不会对所犯的错误耿耿于怀，而是将错误视为有待解决的问题，随后便努力攻克难关。无论是在实验室里，还是在学校里，他们都更愿意解决棘手问题，而且更有可能找到问题的答案。**与持有固定思维定式的孩子相比，持有成长思维定式的孩子在解答数学难题的时候其成功率比前者高出 50% ～ 60%。**卡罗尔·德韦克（Carol Dweck）是该领域的著名研究者，在进行测试的时候她经常与这类孩子进行交谈，发现他们经常会说“我要把速度放慢，集中精力攻克难题”或“我喜欢这一挑战”。由于他们相信错误是自己不努力的结果，而不是缺乏小聪明导致的，所以只要自己更加勤奋就一定能搞定问题。

如果你一直夸孩子聪明是否就意味着他的将来一片黯淡呢？这需要进行更多的研究。不过亡羊补牢未为晚矣，现有研究显示，对孩子付出的努力多进行几次表扬都会产生积极的效果。

当然，表扬的方式不是唯一的影响因素，我们看到基因也会对孩子的努力程度产生影响。伦敦的一些学者对 2 000 对双胞胎的自我感知能力（self-perceived abilities，SPA）进行了研究，测量的是孩子应对学习困难的感知能力。双胞胎的家庭环境完全相同，但数据显示成长思维定式这一因素只能解释 SPA 变量值的 2%。研究者们据此认为，剥离出 SPA 基因的概率大于 50%。我们需要更多的研究来证实他们的结论。即便这种基因被找到，父母也不能卸下担子，因为这只是意味着父母应该根据孩子的具体情况改变教育方法。一些孩子不需要太多的教导，而另一些则需要父母加倍关心。对于这一结论，大多数人都不会感到陌生。

也许勤奋努力只能促使孩子更加充分地发挥自己的潜能，但不管怎样，你都应该努力培养孩子的这种品质。

接下来，我们要看一看应该剔除哪些不利影响。

数码时代：电视、电子游戏和网络

一次，我给一群教育者和父母开讲座，和他们聊一聊视觉信息处理以及大脑给予视觉信息的高优先级。我刚刚结束演讲，一个中年母亲就发问道："电视对大脑有好处吗？"屋子里一阵骚动。一位老者接着问道："那些时髦又很酷的电子游戏呢？因特网怎么样呢？"一个年轻人站起来，辩解道："电子游戏和因特网都没问题。"有关这一问题的争论变得越来越激烈，老人和年轻人自动分成了两大阵营。最后，有人大声说道："让我们听听脑科学家是怎么说的吧。"他随后转向我说道："你是怎么看的呢？"

"我想引用沃森（J. Watson）的一句话来回答你的问题。"我不想卷入这场争执，每当碰到争议的时候，我就会引用这句话，我接着说："沃森是 19 世纪的国会议员，他也是一个外交家。一次，有人问他是否赞同一项具有争议的法案。他回答得很聪明：'两边都有我的朋友，而我会和朋友们站在一起。'"在场的每个人都笑了，紧张的气氛也随之缓和下来。我逃过了这个难题。

但这是一个我不应该回避的问题。从电视到智能手机，数码时代几乎已经渗透到每个人的生活之中，在孩子的成长过程中，耗在各种"屏幕"前已经成为无法逃避的一部分。父母应该担心电视、电子游戏和网络吗？坦率地说，除了一些有关电视的研究，我从来没有碰到过那么混乱的研究领域，特别是那些有关大脑、行为和电子游戏的研究。大家只需稍稍浏览就会发现这些研究的设计存在很多缺陷：有的抽样存在偏差，有的缺少控制组，有的没有进行随机抽样，甚至有的样本量或实验数量太少。其中有许多还充斥着强烈的主观意见，甚至是愤怒情绪。有关电子游戏和网络的可靠性研究还没诞生，对于一个新兴的研究领域来说，早期的研究成果总是矛盾重重，千奇百怪，自然是有人欢喜有人忧。

真假“猫”宝宝

看电视是否有益于孩子的发育取决于电视节目的内容，这一结论出于两大原因。

首先，孩子非常善于模仿（还记得那个用额头一碰就会发光的盒子吗？）。他们这种只需观察一次便会重复所见行为的能力叫作“延迟模仿”，是一种发展迅速的神奇能力。就连 13 个月大的孩子都能重复一周前只见过一次的动作；当孩子长到一岁半的时候，他能够重复 4 个月前只见过一次的动作。孩子一直都拥有这种高超的模仿能力，广告商对此再熟悉不过了，这一特性具有重要意义。如果孩子连那些只接触过一次的复杂事件都不会忘记，那么让他们接连数小时看电视或上网又会产生怎样的后果呢？别忘了，只要孩子醒着，父母的一言一行就会映入他们的大脑。即便孩子长大了，他们依然会在不经意间模仿父母的行为，就像我用轰油门的方式对妻子表示不满一样。我们可以用延迟模仿来解释这一现象。

有时候，孩子的延迟模仿行为让父母哭笑不得。一位年轻的母亲讲述了这样一个有趣的故事：

那是一个开心的圣诞节，3 岁的女儿突然不见了。我到处搜寻，终于在主卧的卫生间里找到了她。我问女儿为什么不去自己的卫生间，而要跑到这里来，她说自己正在做一只小猫猫。我看了看猫砂盆，没错，这只“小猫”还在里面拉了一坨屎。我实在是没话可说……

这个故事揭示了孩子是如何掌握信息的。在观察小猫的行为以后，这个孩子得出结论——砂盆是拉屎的地方，于是她用这一原则指导了自己的行为。虽然这个故事听起来有些不雅，却十分好笑。

电视节目内容之所以重要的第二个理由是：我们的预期和假设会深深影响对于现实的感知。大脑急切地想把自己的意见植入我们的体验之中，然后让我们误以为这种带有偏见的感知就是事实。虽然了解这一点会让人感到不安，但我们对于真实世界的感知并不像用高保真摄像机记录下来的信息那样准确无误。所有对于现实的感知都是经过大脑审查的感觉信息，而我们的期望无疑会对信息的审查标准产生影响。

经历会影响期望，而期望又会影响行为。耶鲁大学的心理学家约翰·巴奇（John Bargh）用实验展现了这一微妙的影响过程：他让一群身体健康的本科生进行所谓的语言能力测试。他给学生看一些词语，并要求他们把这些词语连接成语义完整的句子。你有兴趣的话也可以试一试。这些词语是：

椅子　坐　孤独　老人　满脸皱纹　痛苦

是不是很简单？“满脸皱纹的孤独老人痛苦地坐在椅子上。”其实，这并不是什么语言能力测试。我们只需再看一眼这些词语就会发现其中有许多和老迈联系在一起。巴奇对学生的语言创造力并不感兴趣，而是关心他们在接触了这些词语之后要花多少时间才能走出实验室。

他的发现非常令人惊讶。一些学生接触的是随机挑选的词语，而另一些学生接触了许多与老迈有关的词语，结果后者走出实验室所花的时间比前者长40%。一些学生甚至弯腰驼背，步履蹒跚，就好像一下子老了50多岁一样。巴奇总结说："这些词语激活了学生记忆中对于老人的刻板印象，于是他们也就在无意中表现出了符合这一印象的行为。"

即刻发生的外部事件会对人们的内部心理行为过程产生强烈影响，展现这种影响的实验还有很多。孩子接触的东西也会影响他们对于世界的期望，进而影响他们的感知和行为。无论是对于刚满月的婴儿，还是对于20岁的本科生，这一结论都适用。

延迟模仿和预期在数码世界中是如何表现的呢？有关电视的研究能给我们可靠的回答。

2岁以下儿童不许看电视

孩子是否可以看电视这个问题不再像以前那样争议重重，科学家已经达成了广泛的共识：无论是什么电视节目，孩子们看电视的时间都应该受到限制。但不幸的是，大多数父母对这一建议置若罔闻。

小时候，每到星期天的晚上，我都会守在电视机前等待迪士尼的《色彩的奇妙世界》(*Wonderful World of Color*)，这个节目我非常喜欢。可是节目一结束，父母就会把电视机关掉。现在的美国父母不会再这么做了。现如今，美国2岁以上的孩子每天平均要花4小时49分钟时间看电视，这一数字比10年前高出了20%，而且孩子们开始看电视的年龄也越来越小。吸引孩子的除了电视以外还有电脑、电子游戏、手机等各种电子设备。到了2003年，6岁以下的儿童中有77%每天都看电视，而2岁以下的儿童每天花在电视和电脑屏幕前的时间也达到了2小时5分钟。我先前提到过，美国人每天在工作之余要接触10万个单词，其中有45%就来自电视。

但科学家给出的建议是：2 岁以下的儿童根本就不应该看电视。

看电视的危害性

在过去的几十年中，我们已经搞清楚了孩子看电视时间的长短与其对同伴攻击行为之间的关系，这是延迟模仿能力和冲动控制力缺失共同作用的结果。让我用亲身经历来进行说明：

> 那时我还在上幼儿园。一天，我和最好的朋友一起看《活宝三人组》这部 20 世纪 50 年代的喜剧电视节目。电视剧里的人物经常用肢体冲突来逗乐观众，比如用手指插别人的眼睛。节目刚结束，我的好朋友就伸出了他的食指和中指，朝着我的双眼直插过来。在接下来的 1 小时里我什么都看不见，老师随即把我送到了医院。诊断结果是角膜刮伤，眼肌撕裂。

另一个例子来自有关恃强凌弱行为的研究。数据显示，4 岁以下儿童每天多看 1 小时电视，他们上学后欺负其他小朋友的概率就会上升 9 个百分点，情绪调控能力欠佳是罪魁祸首。美国儿科医学学会估计，现实生活中 10% ～ 20% 的暴力行为可以归因为媒体暴力的影响，这还是保守估计比例。

看电视还会对孩子的专注程度产生不利影响，而注意力集中是执行功能的重要组成部分。3 岁以下儿童每天多看 1 小时电视，他们在 7 岁前出现注意力问题的可能性就会上升 10%。也就是说，与不看电视的孩子相比，每天看 3 小时电视的学龄前儿童更有可能患上注意力障碍，其风险比前者高出 30%。

还有一种做法也非常不好，那就是人离开了却不把电视机关掉。看二手电视也会对孩子造成伤害，因为这会对他们产生干扰。在实验室里，无论孩子正在做什么，即便他们在进行有益于大脑发育的过家家游戏，闪烁的图像和吵闹的声响都会让他们分心。婴儿受到的此类伤害尤为严重。美国儿科医学学会颁布了有关这一问题的指导意见，该意见在今天依然有效，具体内容如下：

> 儿科医生应该敦促父母禁止2岁以下儿童看电视。虽然有些节目自称是专门为这一年龄段的儿童设计的，但有关早期大脑发育的研究显示，婴幼儿最需要的是和父母以及其他主要照料者之间的直接交流。这样，孩子的大脑才能健康发育，社交、情绪和认知技能才能顺利发展。

科学家现在正在研究电视对于学习成绩造成的潜在影响。早期的研究成果显示，孩子的阅读和语言能力都会受到不利影响。不过对2岁以上的儿童来说，看电视对大脑发育造成的最大伤害可能源于体育锻炼的缺乏。我们稍后在聊到电子游戏的时候会具体讨论这一问题。

益智节目不益智

书店的货架上摆着一排排各类儿童益智教育节目碟片，这些产品有用吗？出版方自称他们开发的产品能够提高学龄前儿童的智力水平。为了搞清楚他们的宣传是否真实，华盛顿大学的一群科学家决定一探究竟。我是在一个阳光灿烂的日子读到相关研究成果的。起初我放声大笑，随后又突然严肃了起来。我们大学的校长刚刚收到一个重要人物的电话，此人便是迪士尼公司的老总罗伯特·艾格（Robert Iger）。“米老鼠”看来不太高兴。华盛顿大学的科学家刚刚发表了一项有关益智节目的研究结果，研究对象便是迪士尼公司开发的一款名为《爱因斯坦宝贝》（*Baby Einstein*）的教育节目。研究得出的结论很糟糕。

各位读者已经熟悉了一些相关理论，对此不会太感意外。该产品根本就没有作用，也没有增加目标受众，也就是17～24个月大婴儿的词汇量，一些孩子甚至受到了伤害：每天多看1小时此类益智节目，他们理解的词汇就会比其他孩子少 6 ～ 8 个。

迪士尼指出这些研究存在缺陷，并要求学校收回发表的研究成果。在对原始研究进行了讨论后，华盛顿大学仍坚持自己的立场，并在媒体上发布了新闻稿，确认相关研究成果有效。虽然谁也没有让步，但这一争议渐渐淡出了人们的视线。两年后，也就是 2009 年 10 月，迪士尼宣布召回该产品，并对购买者进行全额退款，同时还负责任地将“益智”两个字从产品包装上抹掉。

让孩子正确地看电视

当然，电视并非一无是处。看电视是好是坏取决于节目内容、孩子年龄，或许还有孩子的遗传基因。

孩子在 2 岁以前最好不要看电视，但是对 5 岁以上的儿童是否可以看电视各方意见不一。能够提高特定年龄段儿童智力的电视节目往往具有较强的互动性，这并不奇怪（一些研究显示《爱探险的朵拉》（*Dora the Explorer*）不错，但《紫色小恐龙》（*Barney & Friends*）就很糟糕）。所以，虽然学者一致认为儿童看电视的时间应该受到限制，但我们不能将电视妖魔化。关于如何正确利用电视，研究数据给出了以下建议：

1. 不要让 2 岁以下的儿童接触电视。我知道对于需要休息的父母来说这点很难做到。如果你找不到朋友放松，只能靠看电视舒缓压力，那么应该尽量少看电视，并且尽量让孩子少接触电视。毕竟我们生活在现实生活中，精疲力竭且易怒的父母对孩子造成的伤害丝毫不亚于讨厌的紫色小恐龙。
2. 对于 2 岁以上的儿童，父母要为他们谨慎地选择电视节目的内容。那些互动性较强的益智节目值得考虑。
3. 父母要和孩子一起看节目，一起互动，帮助他们分析所看到的内

容，而不只是被动接受。不要在孩子的卧室里放置电视机，享受此类特殊待遇的孩子数学和语文成绩比其他孩子平均低 8 分。

电子游戏：保持警惕

首先要声明的是，我很喜欢《神秘岛》（*Myst*）这款经典的电脑游戏。在成为科学家以前，我是一个图形艺术家和动画制作专业人士，我第一次看见《神秘岛》时就爱上了它。那时的我时常徜徉在这个美丽而优雅的数码虚拟世界里，四处探索，解决问题，阅读书籍（这款游戏里真的有书可以读），研究星象，并且操弄那些只有在达·芬奇、凡尔纳和吉恩·罗登贝瑞（Gene Roddenberry）的想象中才会出现的未来科技。正是这款游戏让我第一次领略到了计算机的强大力量。即使到了现在，每当听到海浪拍岸的声音，我的思绪依然会飞回那个梦幻般的数码世界。你可能会觉得我着了魔，这正是我想表达的意思。对一个科学家，特别是一个准备评价电子游戏功过是非的科学家来说，沉迷于虚幻世界的确是危险的。

幸运的是，保持头脑清醒的科学家多的是，这就是我要让同行来评估科研成果的原因。那么，有关电子游戏对于大脑发育作用的文献告诉了我们什么呢？有价值的信息并不多，而且许多结果互相矛盾。这是可以理解的。此项研究课题太新，而且游戏科技变化得也太快了。所以，我们现在能够说清楚的，也是父母们需要关注的不是电子游戏对大脑的作用，而是它对身体健康的影响。

和看电视一样，在绝大多数情况下，打游戏也是静态的，你必须坐在那里一动不动。虽然任天堂于 2006 年推出了可以让我们动起来的 Wii 游戏机，但这么一点儿有益的变化可谓是杯水车薪，孩子的体重依然在迅速增长。正是由于这个原因，一些以前只有中老年人才会患上的疾病现在也出现在儿童人群中，其中甚至包括关节炎。**与不玩电子游戏的儿童相比，玩电子游戏的儿童患肥**

胖症的概率比前者高出 3 倍。

大脑爱运动

儿童肥胖问题变得越来越严重，这对脑科学研究者来说是一个坏消息，因为我们很清楚身体锻炼有益于大脑健康。运动，特别是有氧运动对大脑大有裨益，能够将执行功能水平提高 50% ～ 100%。无论是蹒跚学步的幼儿，还是退休赋闲的老人，这一结论全都适用。力量练习则达不到这样的效果（当然你也有很多理由进行此类锻炼）。

从小就被父母逼着锻炼的孩子长大后更有可能形成经常锻炼的好习惯（一些研究显示，他们养成锻炼身体习惯的可能性比其他孩子高出 1.5 倍）。身体健康的孩子执行力更强，更容易静下心来集中精力。而且只要孩子坚持锻炼，这些优势就会一直保持下去。顺便提一句，如果你和孩子一起锻炼的话，还能获得最佳效果。还记得延迟模仿吗？鼓励孩子塑造健康的生活方式是父母给下一代的最好礼物。这可能意味着你要少玩一会儿《魔兽世界》，并为孩子树立好榜样。这不会让《神秘岛》变得不再美丽，只是父母应该有所节制，否则就会过犹不及。我依然喜欢这类游戏，永远都会，但我仍然认为应该给电脑游戏贴上警示标签。

小心短信

互联网和其他数码通信工具对孩子的发育是否有益呢？从有限的研究数据来看，情况不容乐观。让我给大家讲个故事。

一个 9 岁大的女孩邀请五六个最要好的朋友来参加自己的第一次睡衣派对。孩子的母亲是一个社会学家，她对此感到非常高兴。她回想起了自己小时候在朋友家过夜的经历，她以为女儿和朋友们也会彻夜长谈，用枕头打来打去，分享彼此心中的秘密，到凌晨两点还咯咯乐个不停。但这一切并没有发生。孩子们刚开始聚会时，母亲就觉得情况有点儿不对劲：她们并没有聊 9 岁女孩应该聊的复杂话题，而是让人觉得她们像是一群只有 4 岁大的小女孩，她们似乎总是误读或错解对方的非语言信号。聚会刚开始半小时，6 个孩子中就有 5 个掏出了手机，忙着给不在场的朋友发短信，还用手机拍照，进行微直播。到凌晨两点的时候，屋子里静悄悄的，母亲偷偷上楼，查看孩子们是否安好。结果有一半女孩儿已经睡着了，剩下的一半仍然躲在被窝里发短信。

发短信与孩子的不成熟是否有关呢？这可不是一个小问题。2008 年，美国年轻人每月平均要收发 2 272 条短信，每天约 80 条。到了 2009 年，年轻人每天接触到的词语有 27% 直接来自电脑。

这会出什么问题吗？没人能够说清楚。我们现在只能说此类沟通方式有可能引发一些问题。在使用互联网和相关媒介时，个人注重的是自己的私密空间，这种倾向会导致一种奇怪的情况：即便人们在一起的时候也会觉得相隔万里，就像上面这个例子所展现的那样。除非孩子们用电子设备进行视频沟通，否则他们没有太多机会练习解读他人的非语言信号。顺便说一下，孤独症患儿就生活在类似的世界里。

把非语言沟通能力打磨得尽善尽美需要许多年的练习。正如我们在前几章提到的那样，孩子进行此类练习是非常重要的。与网络生活相比，现实生活复杂得多，而且不是匿名的，更不能简化为若干简单的表情符号。无论是工作还是婚姻，冲突的最大来源就是人们对于彼此意图的错解。如果人们能够正确解读非语言信号，信息的非对称性就会被削弱，很多冲突就能够避免。在这方面练习得越少，人们在社交方面就越不成熟，离婚率就会随之上升，而生产力就会随之下降。

我刚才讲述的故事已经给大家敲响了警钟。当然，这个问题还需要很多研究，但考虑到其后果的严重性，我们最好还是对纯粹的数码世界保持警惕。目前能给出的最佳建议就是尽量不要只使用这些电子设备进行沟通。

不管怎样，人类是社会动物，这很可能已被写入 DNA。我们只要看看罗斯福的故事就会发现，对孩子未来的成功来说，人际关系是最关键的因素。

我的孩子比你的孩子强

一次，我在机场等飞机，旁边一位女士正好在打电话，她说："斯蒂芬尼会走路了吗？还没？布兰顿 9 个月大的时候就已经学会走路啦！"她后来又问："斯蒂芬尼还在用尿片？布兰顿 2 岁时就会用坐便器了！"这位女士历数了超级宝贝布兰顿的各项成就，而可怜的斯蒂芬尼真是一无是处，我实在是不忍再听下去。

此类比较到处都有。这些父母显然是操之过急了，对孩子进行过度培养对他们的成长也是不利的。和那位女士结束通话后，斯蒂芬尼的母亲肯定是既委屈又愤怒。她或许会冲到商店里购买各种益智玩具，希望自己的宝贝能够赶上神奇的布兰顿；当然，她也可能黯然神伤，实际上她不必如此。

这种比较不仅不利于孩子的成长，而且与神经科学的现有研究成果也背道而驰，由此带来的压力对孩子的大脑是有害的。

每个孩子的大脑发育进程都不相同

大家已经知道，与个人的性格一样，每个人大脑发育的进程也非常独特。孩子们并不是按部就班、以统一的步伐推进大脑发育的各个阶段。一个 4 岁大的数学神童到了 9 岁的时候未必具有超群的智力。爱因斯坦够聪明了吧，但是据说他到 3 岁的时候才说出了第一句整话——“汤太烫了”。大脑发育的个人差异部分是由遗传因素决定的，但神经元对孩子的生活环境非常敏感，它们会根据环境变化形成新的连接，或断开已有连接，这种特性叫作神经可塑性。

大脑的发育似乎有一些共同的阶段，但同意这一观点的脑科学家寥寥无几。发展心理学家让·皮亚杰（他曾经和 IQ 测试发明人阿尔弗雷德·比内共事过一段时间）认为儿童的认知发育会经历 4 个阶段，即感知运动阶段、前运算阶段、具象运算阶段和形式运算阶段。该理论虽然名噪一时，现在却引发了许多争议。在 20 世纪末期，研究者开始质疑这套理论，因为他们发现儿童掌握技能和概念的时间要比皮亚杰所说的早得多。后续的研究发现，即便是处于同一个发展阶段的孩子，其认知发育的速度也不一致。许多孩子并没有遵从皮亚杰所说的认知发育顺序，他们有时会跳过一两个步骤，或是连续重复某个阶段。而一些孩子的发展阶段根本就没有明显界限。

孩子的大脑并没有问题，出问题的是我们的理论。

大脑发育不是比赛

一些父母把孩子的大脑发育看作奥运会比赛，希望自己的孩子能在每个阶段都领先他人，为此不管付出多大代价他们都乐意。即便孩子已经进入大学，我们依然能够在他们身上看到父母的这种期许。现在我主要是带研究生，但有时候也会给想要进入医学院学习的本科生进行指导，我发现他们只在乎自己能否被医学院录取，许多孩子说这都是被父母逼的。在这些父母的眼里，孩子更像是荣誉奖章，而不是活生生的人。

这种拔苗助长的行为被称作“过度培养”。科学家对这一现象进行了研究。发展心理学家戴维·埃尔金德（David Elkind）曾是塔夫斯大学（Tufts University）儿童发展学教授，现已退休。他将这些急切的父母分为 4 类：

- 美食型父母。这些父母是成功人士，他们希望孩子也能像自己一样出色。
- 大学文凭型父母。这是拔苗助长父母的主力军，他们虽然和美食型父母相似，但相信孩子越早上学越好。
- 求生训练型父母。这些父母往往是军人或警察。在他们看来，这个世界危险无比，所以这些父母非常看重孩子的生存技能。
- 神童型父母。此类父母很富有，但强烈质疑现有教育体系，所以希望自己教育孩子，以避免正规教育体系的不利影响。

上述各种父母都以牺牲孩子的快乐为代价来追求孩子的成功。虽然有关此类行为严重后果的确凿数据还不多，但韩国学生的高自杀率可以被用来进行佐证。韩国父母对孩子的学习成绩要求很高，对 15 ～ 19 岁这个年龄段的孩子来说，自杀是继交通事故之后的第二大死因。

过度培养的害处

我可以理解这些父母是怎么想的。在一个竞争日益激烈的社会里，赢家往往是那些最聪明的人，所以希望孩子拥有美好前程的父母对孩子的智力提出高要求本无可厚非。但问题在于，过重的压力往往适得其反，会对孩子的智力发育造成不利影响。

过高的期望会压制孩子的高级思维

孩子对父母的期望十分敏感。小时候，他们竭尽全力实现父母的期望；长大后，他们又想方设法背道而驰，用叛逆来宣布自己的独立。对孩子来说，如果父母的期许过高则意味着把他们逼到墙角。这会使他们的大脑重新开启“低级”思维模式，让他们为了满足父母的期望而故意做一些不好的事情，甚至是欺骗。这些不良行为有可能会在以后酿成恶果，以致需要花大力气加以改正。

在一次聚会上，一个自豪的父母宣称 2 岁大的儿子懂乘法，并让儿子背诵乘法口诀表。显然，这个男孩并没有搞懂乘法的真正原理，只是在机械地背诵而已，低级的思维技能代替了高级思维。埃尔金德非常鄙视这类父母，并认为此类表演无异于让动物做算术题，只不过是一种骗术罢了，他觉得孩子不应该受到这种虐待。对此，我十分赞同。

过重的压力会磨灭好奇心

孩子生来就是探索者，但是如果父母只是僵化地给孩子提要求，那么他们会对很多事物失去兴趣，不得不一味地去满足父母的期望。他们提出的问题不再是“我是否对这个感兴趣”，而是变成了“怎么才能让掌握着我命运的爹娘满意”。由于探索行为得不到奖励，所以它很快就消失了。别忘了，大脑最看重的是生存。对一个孩子来说，没有什么比父母给予的安全感（也就是父母的认可）更重要的事情了。

持续的愤怒和失望会变成有毒的压力

拔苗助长还有一个坏处，就是这类父母会因为孩子达不到自己的要求而变得失望、难过，甚至愤怒。父母的这些负面情绪孩子在很小的时候就能察觉，而且会竭尽全力规避。

对环境失去控制是有害的，这会导致一种叫作“习得性无助”的心理状态，并损伤孩子的大脑。孩子会意识到自己无法控制负面刺激（父母的愤怒或失望），觉得自己逃不出导致这些刺激的情境。比如，一个三年级的孩子每天回家都要被酒鬼父亲狠揍一顿，但他不得不回家，于是这个家就像地狱一样，男孩会觉得自己没有出路，最终只好接受一切，停止尝试逃跑，即便后来真的有机会离开这个环境。科学家将这种心理状态称为习得性无助。

习得性无助还会引发抑郁症，孩子也不例外。我认识一对父母，这对父母对孩子极为苛刻，要求非常高。这孩子在读研究生，却不幸自杀了。虽然导致抑郁的原因有很多，但这个学生留下的遗言清楚地告诉我们，他之所以自杀，有一部分原因是觉得无法实现父母的愿望。这个悲剧再一次让我们看到，大脑感兴趣的不是学习，而是生存。

请在孩子降生前就把下面这句话牢牢记在心里：培养子女不是参加比赛，也不要把子女当成是实现自己梦想的工具。虽然竞争可以起到激励作用，但过于激烈的竞争将会损伤孩子的大脑。无休止地将自己的孩子和其他孩子做比较不会让你心想事成，也无法让孩子实现自己的梦想。

我们的确有办法挖掘孩子的智力潜能，比如让他们参加开放式游戏，和他们进行丰富的语言交流，对他们付出的努力进行表扬。无论你孩子的起点是高是低，科学研究已证明这些举措可以有效提高孩子的智力水平，这绝非信口开河。毕竟，大脑的智力特性早在冰河世纪到来前就已经形成了。

温馨回顾

- 有益于智力发展的举措有：母乳喂养；多和子女进行语言交流；让孩子进行开放性活动；对他们付出的努力进行表扬。
- 大脑更感兴趣的是生存，而不是取得好成绩。
- 拔苗助长害处多多。
- 不利于婴幼儿大脑发育的行为有：让婴幼儿看太多电视；迫使他们长期处于习得性无助状态；不鼓励孩子锻炼身体。

第三部分

Brain Rules for Baby

教养快乐孩子：从情绪调节开始

Brain
Rules for Baby

第5章　释放孩子的天性

大脑规则

婴儿生来就具有自己的特殊气质。

情绪就像便利贴。

共情力帮孩子交到好朋友。

你没干什么，只不过是在婴儿床里放了一个新玩具，但原本还开开心心的孩子马上就给你脸色看了，就好像你把她最心爱的娃娃夺走了一样。她紧紧盯着你，瘪着小嘴，急风暴雨就要来临了。不一会儿，她便号啕大哭起来。只见她把身子缩成一个团，双腿也不断做蹬踏动作，就好像是受到了天大的委屈一样。不过这些过激的反应并不是针对你的，无论她碰到什么新事物，比如没听过的声音、陌生的气味或过大的噪声，这个孩子都会大哭大闹：她的确非常敏感，只要"正常"的秩序或状况略有改变，她就会瞬间崩溃。

研究人员正在询问一个长着褐色头发的 15 岁女孩，内容是关于她的学校生活和课外活动。当女孩开始回答问题的时候，你会觉得有点儿不对劲：她和前面那个孩子一样，满脸愁容，不停晃动大腿，弄弄头发，抓抓耳朵，总之她一直坐立不安。她的回答也不连贯，断断续续的。她说自己没有参加很多课外活动，只是拉拉小提琴，写写文章而已。在被问及会担心哪些事情时，这个女孩再也绷不住了，她强忍住眼泪说："我觉得很不舒服，身边的人都知道自己该干什么，但我却总是在犹豫：该不该去这个地方或那个地方呢？我有没有妨碍别人呢？"她顿了顿，眼泪夺眶而出："我长大后应该怎样面对这个世界呢？

怎样才能让人生有意义呢？”她的情绪略微平复了一些，但心中却满是挫败感。“我就是忍不住会想这些问题。”她终于说完了，但声音已经轻得快让人听不见了。这个女孩的气质非常特别，没错，她就是那个敏感女孩。

很显然，她是一个不快乐的女孩。

研究者将她称为“19 号宝贝”。她在发展心理学研究圈子里非常有名，因为她是心理学家杰罗姆·凯根（Jerome Kagan）的研究对象。许多广为人知的气质就是凯根通过对 19 号宝贝和其他孩子进行对比研究而得出的。凯根还发现气质对于孩子将来是否幸福快乐具有举足轻重的作用。

本章所要探讨的问题就是为何一些孩子很快乐，而另一些则像 19 号宝贝那样不快乐（实际上，大多数孩子是快乐的。这个女孩之所以被称为 19 号宝贝，是因为在凯根的研究中，前 18 个宝贝相比较而言是非常快乐的）。我们将要讨论的议题如下：快乐孩子的生理基础是什么？生出比较焦虑的孩子的概率是多少？一个人是否幸福是由遗传因素决定的吗？幸福生活的秘密有哪些？在下一章，我们将讨论如何创造有利于培养幸福孩子的环境。

幸福的秘诀

父母们总是说自己最大的愿望就是孩子能够幸福，但在被问及何为幸福的时候，父母们给出了不同的答案：有的父母将幸福视为一种情绪，他们希望孩子能够经常体验各种积极的情绪；而另一些则将幸福视为稳定状态，他们希望孩子对生活感到满意并且情绪平和；还有一些父母则将幸福等同于平安或道德，他们希望孩子将来能够成为正直的人，能够找到好工作，或是希望他们婚姻美满。虽然父母们可以很快举出一两个例子，但大多数人觉得幸福是一个说不清楚的问题。

科学家也觉得幸福很难定义。哈佛大学的心理学家丹尼尔·吉尔伯特（Daniel Gilbert）研究幸福很多年了，他可是个快乐的老顽童。吉尔伯特认为幸福有三个组成部分：

- 情绪幸福。很多父母所说的幸福可能就是这个。这是一种由外部事物引发的稍纵即逝的主观情感、体验或状态。你的孩子会因为看见蓝色而高兴，会被某部电影所打动，会觉得大峡谷的美景非常震撼，会在喝了一杯美味的牛奶后而感到满足。
- 道德幸福。这种幸福与美德交织在一起，它更像是一种哲学态度，而非自发的主观感受。如果你的孩子过着有德行的生活，他可能会感到十分满足。吉尔伯特用希腊语 eudaimonia 来描述道德幸福，亚里士多德将这个词语译为“做好事，过向善的生活”，这个词的字面含义是“得到守护神的庇佑”。
- 判断幸福。这种幸福常常和“对于”“为了”等词语联系在一起。例如你的孩子对于去公园散步感到开心，或为刚刚得到小狗的朋友感到高兴。此类幸福涉及对于真实世界的判断，而非转瞬即逝的主观感受，但却可以作为过去、现在或将来潜在愉悦感受的来源。

无论如何定义幸福，我们最关心的问题是幸福从何而来。幸福的主要来源是由一个神奇的研究发现的，这项研究是美国现代科学史上依然在进行的，时间跨度最长的研究。

目前主持该项目的心理学家名叫乔治·瓦利恩特（George Vaillant），他很胜任这一工作。从 1937 年起，哈佛成人发展研究中心（Harvard Study of Adult Development）的科学家们就开始对数百人展开了长期的周密跟踪调查。该项目还有一个熟悉的名字——格兰特研究（Grant Study），这个名字是为了纪念该项目最早的出资人、百货业大亨格兰特先生（W. T. Grant）而起的。

研究者寻找的是幸福生活的公式，他们想搞清楚哪些因素与幸福有关。

瓦利恩特是格兰特研究项目的现任负责人，他担任这一职务已经有 40 多年了，该项目的历史比这更长。他并非只是出于学术兴趣才投身该研究的，瓦利恩特自称和孩子联系不多，他结婚 4 次（和一任妻子曾经结婚 2 次），有 5 个孩子，其中一个是孤独症患儿，而且所有孩子都不怎么和他说话，而他自己的父亲在他 10 岁大的时候就自杀了。所以，可供瓦利恩特学习，教他如何过上幸福生活的榜样几乎没有。那么，还有谁比他更适合主持幸福研究项目呢？

格兰特研究项目的开创者都已故去。他们在项目开始时招募了 268 个哈佛大学本科生，这些学生都是白人，身心健康，其中有一些将在未来的岁月里名声大噪，其中包括长期担任《华盛顿邮报》编辑的本·布拉德利（Ben Bradlee）和肯尼迪总统。在此后的漫长岁月里，这些人就像是乖乖躺在解剖台上的实验样本一样，被心理学家、人类学家、社会工作者，甚至还有生理学家对他们各个阶段的生活细节进行仔细剖析。

对于这些研究对象的初步信息采集工作十分细致，就连国土安全部的调查也相形见绌。自此以后，研究对象每 5 年就要进行一次体检，并定期接受各种繁复的心理学测试，并且每 15 年还要再接受一次访谈。而研究者们则是前赴后继，换了一轮又一轮。可以说，格兰特研究项目是此类研究中数据收集最为细致的。

这么长时间的精心研究得出了哪些结论呢？幸福的秘诀到底是什么呢？它能让我们持久幸福吗？还是让瓦利恩特自己告诉你吧。他在接受《大西洋报》采访时如是说：

“生活中唯一真正重要的东西就是你和其他人的关系。”

长达75年的漫长研究得出的唯一可靠发现就是：友情和亲情对幸福来说至关重要。亲友的情感支持能让我们冲破人生的重重艰难险阻，并持久地享受幸福的甜美。与其他因素相比，友情和亲情与幸福的联系最为密切。人到中年时，这是唯一能够预测个人幸福水平的因素。心理学家乔纳森·海特（Jonathan Haidt）[①]多年来一直在研究人际交往和幸福之间的关系，他说：“**在某种程度上，人类很像蜜蜂，进化过程已经让我们习惯于生活在高度社会化的群体中，离开了蜂巢的人往往不再那么出色。**”

人际关系越紧密越好。瓦利恩特的一个同事让我们看到，除非一个人能够真正品味到甜蜜的爱情，否则他的幸福水平就无法跻身前10%。美满婚姻也很重要：40%的已婚人士认为自己“非常幸福”；而在从未结过婚的人中，这一比例只有23%。

此后，更多的研究证实并扩展了上述结论：除了令人满意的人际关系外，对幸福非常重要的行为还有：

- 经常助人为乐。
- 列出值得感激的事情，这能让你体会短暂的快乐。
- 培养感恩之心，这能让你体会持久的幸福。
- 与爱人分享新奇的体验。
- 当被所爱之人伤害的时候，反射性地宽恕对方。

---

① 乔纳森·海特是积极心理学先锋派领袖、著名思想家。曾荣获坦普尔顿积极心理学奖，被《外交政策》评选为“全球百大思想家”之一，被《展望》杂志评选为“世界顶级思想家”之一。其经典著作《象与骑象人》是完善积极心理学领域的经典著作，获得包括马丁·塞利格曼、希斯赞特米哈伊、巴里·施瓦茨在内的众多知名人士的诚挚推荐。书中，海特把人类思考了两千多年的问题，归结为10个假设，并将其放在科学的天平上检验。该书中文简体字版已由湛庐出品、浙江科学技术出版社出版。——编者注。

如果你觉得上述结论没什么大不了的，到书店里随便找本自助书籍就能看到这些内容，那么下面这个发现应该会让你感到些许惊讶：金钱未必能让你更开心。在《幸福研究杂志》（*Journal of Happiness Studies*）上发表的研究告诉我们：每年挣 5 百万美元的人并不比年入 10 万美元的人开心多少；只有在年收入 5 万美元以下的区间内，收入的增加才能显著提高个人的幸福水平；一旦超过 5 万美元，金钱与幸福就分道扬镳了。这一发现对现实生活很有价值，而且能让你松一口气，也就是说，你只要想办法让孩子能够找到一份年收入 5 万美元的工作就行了，他们无须成为百万富翁就能过上你想象中的幸福生活。在基本需要得到满足后，人们更需要亲密的朋友和亲人。

有时候，同胞兄弟的一个小小举动就会让你觉得自己无比幸福，下面这个故事就是最好的例证。

我的两个儿子当时一个 3 岁，一个 5 岁。一天早上，天上飘着白云，乔舒亚和诺亚在操场上玩得正欢，他们时而荡秋千，时而在地上打滚，时而和其他男孩一起尖叫，像两只淘气贪玩的小狮子一样上蹿下跳。突然，几个 4 岁大的坏孩子把诺亚推倒在地，乔舒亚立刻像一头发怒的公牛一样冲到弟弟身边。他紧握双拳，咬牙切齿地对那群孩子吼道："谁敢动我兄弟！"对方吓坏了，四散而逃。

从惊恐中回过神来的诺亚感动不已，他紧紧拥抱着哥哥，然后转着圈飞奔，一边用想象中的激光枪射击，一边竭尽全力喊道："乔舒亚是我大哥！"解救了弟弟的乔舒亚也乐开了花，开心地荡着秋千。站在远处目睹这一切的保姆忍不住地为这感人的一幕鼓起掌来。

我之所以讲述这个故事就是想告诉大家，亲密的人际关系能够创造出快乐。诺亚非常高兴，而乔舒亚也非常满足。当然，兄弟之间也免不了打打闹闹，但至少在那个时候，他们的心中都装满了幸福。

培养善于交际的孩子

有关人际关系重要性的发现，大大简化了如何培养幸福孩子这个问题的答案。**如果你想让孩子获得幸福，那么就应该教会他们如何交朋友，以及如何维系友情。**

你可能已经猜到，培养善于交际的孩子需要考虑许多因素。如果你觉得有些不知所措的话，那么让我为你指出两个要点。支持它们的神经科学证据最过硬，它们也是最能预测孩子将来社交能力的两大因素，包括：

- 情绪调控能力。
- 共情力（我们的老朋友）。

让我们先来聊聊第一种能力。

情绪调控能力

在花费了数十年精力和数百万美元后，科学家发现了一个惊人的事实：人们最容易和那些友善的人保持紧密而持久的关系。妈妈的话没错，那些细心周到、有爱心、敏感、为他人着想，并且宽容大度的人容易和朋友、爱人长期保持亲密关系。反之，那些喜怒无常、冲动、粗鲁、自私自利、刻板且记仇的人就容易失去人心。我们可以将前一组特质视为资产，将后一组特质视为负债。一个人的负债越多，那么他不仅更有可能失去亲友，而且患上抑郁症和焦虑症的风险也更大。与格兰特研究得出的结论一致，那些情绪负债最多的人往往是世界上最不幸福的人。

喜怒无常、粗鲁和冲动很像是执行功能不强的表现，这的确是问题的一部分。但问题不仅限于此，这些人没有很好地调控自己的情绪。为了更好地理解这句话，我们首先需要解答一个基本问题。

让我们先来看一个有关言行不一的小故事。

> 昨天晚上，我儿子把奶嘴扔到了地上。我实在是太累了，心情极差，于是对孩子嚷道："不要乱扔东西！"然后捡起奶嘴就朝儿子扔了过去。

或许这个男孩不想睡觉，所以故意扔奶嘴玩；而他的母亲已经说自己很累，心情很差，或许她还感到十分愤怒。在这个只有几行字的小故事里，我们已经看到了许多有关情绪的表述。但当事人的主观感受到底是什么呢？你或许会对回答感到惊讶，因为科学家也不知道答案。

学者对于情绪到底是什么始终意见不一，其实部分是因为在人类的大脑中，情绪反应并不能被清晰地分辨出来。

我们常常以为理性思考（比如解答积分题目）和感性的情绪（比如沮丧和高兴）是黑白分明的，但在我们研究大脑结构的时候，这一原本看似清晰的界线就变得模糊起来了。不错，的确有些脑区域负责处理情绪，另一些负责处理理性分析，但它们却紧密地交织在一起。连接成网络的神经元不停地进行复杂的协同，并且以高度整合、极具适应性的模式向彼此释放生物电信号，让你根本无从区分情绪反应和理性思考之间的差别。

所以，对我们来说，忽略情绪的定义而去关注情绪的功能或许更加有用。这会让我们明白哪些方法可以帮助人们调控情绪，进而帮助他们维系珍贵的友情。

情绪像标签

我最喜欢的科幻电影之一就是《机械战警》，这部电影倒是能够让我们对情绪的功能有一个形象的了解。该片拍摄于 1987 年，故事发生的地点是未来的邪恶之城——底特律。无论是在故事里，还是在当下的现实生活中，这座城市都需要一个救世主。在影片中，这个大英雄就是机械战警，他是一个死去的警官和机器人的合体。机械战警被派往黑暗的地下世界，肃清各种罪犯。他的能耐很大，但最酷的本领就是可以在不伤及无辜的情况下逮捕罪犯。在一场戏中，机械战警对周边的环境进行了扫描。镜头拍摄的是他的主观视角，所以我们能够看到他不停地用数码记号标记坏蛋以便进一步处理相关信息，同时将无辜的路人放过。信息处理完毕后，他便举枪开火，那些被标记的坏家伙应声倒地。

而在我们的大脑中，情绪负责的也是类似的过滤工作。人们常常把情绪和情感混为一谈，但对大脑而言，它们并不相同。教科书里是这么写的：情绪反应仅仅是神经回路的激活过程。这一过程将我们的感知世界分为两大类，即应该关注的事物和可以忽略的安全事务。情感只是这一激活过程中引发的主观心理体验。

大家是否已经看到了情绪与机械战警扫描程序的相似之处呢？我们也在不停地扫描世界，并给一些事物贴上标签以便进行后续信息处理，而将另一些事物放过。情绪就是标签。**我们不妨把情绪看作便利贴，对于被贴上这一标记的事物，大脑都会予以关注。**那么，我们又会给哪些东西贴上情绪标签呢？最受关注的就是那些会立刻影响生存的事物，如威胁、性和特定模式（例如我们认为曾经经历过的东西）。由于大多数人不会给每一样东西都贴上标签，所以情绪反应能够帮助我们对各种感觉信号的重要性进行排序。比如有一个罪犯举着枪站在我们面前的草坪上，我们对草坪不会产生情绪反应，却会对罪犯手中的枪产生强烈的情绪反应。情绪反应为人类的生存提供了重要的感知过滤能力，它告诉我们应该关注哪些事情，并帮助我们进行决策。正如大家预料的那样，孩子的情绪调控能力需要长时间的培养。

婴儿哭泣的秘密

我的大儿子乔舒亚，在出生后的头几个星期里，他除了哭就是睡，连尿带拉。他经常在凌晨醒来，又哭又闹。我会把他抱在怀里，或者把他平放在床上，但不管怎么做，他就是哭个不停。我禁不住问：难道你这小子只会哭吗？一天，我很早就下班回家，乔舒亚正坐在婴儿车里。当我走近他的时候，乔舒亚看见了我，并且似乎认出了我是谁——他突然给了我一个无比灿烂的微笑，这个微笑能量巨大，足以为拉斯维加斯供电一小时。接着，乔舒亚就紧紧地盯着我看。我简直不敢相信这一切！我伸出双臂大叫着，想要给他一个紧紧的拥抱。但我的叫声太大了，动作也太突然了，乔舒亚立刻收起笑容，随后便又哭了起来，接着还拉了一坨屎。我真是领教了他变脸的本领。

虽然我无法解读乔舒亚的行为，但这并不意味着他或任何婴儿的情绪反应就是如此单调。新生儿的大脑皮质和边缘系统进行着大量神经活动（我们稍后会详细介绍这两种脑结构），婴儿一般在 6 个月大的时候就能体验惊讶、厌恶、高兴、悲伤、愤怒和恐惧这些情绪，他们缺少的只是过滤机制。**对几个月大的婴儿来说，哭泣依然是吸引父母注意力最便捷有效的方式。**婴儿没法养活自己，所以父母的关注对他们的生存来说至关重要，因此当他们感到害怕、饥饿、孤独，或受到惊吓和刺激的时候就会哭泣，当然理由不仅限于上述几种。所以，看上去，哭泣似乎就成了一种常态。

强烈的情绪会让婴儿感到困惑

婴儿还不能说话，他们的非语言沟通系统和语言沟通系统还需要好一阵子才能连上，而说出自己的情绪体验是调控情绪的一项重要工具。显然，他们还没有这个本领。

在婴儿掌握语言之前，他们充满各种情绪的小脑瓜常常会感到困惑。这十分麻烦，他们会搞不清自己正在体验的情绪是什么，也弄不懂如何用正确的方式让别人知道自己的情绪状态。因此，当孩子感到悲伤却又说不出的时候就会愤怒不已，或者莫名其妙地发脾气。有时候，一件事情可以引发许多种情绪，这些情绪及其引发的心理状态对婴儿来说可能太强烈了，他们觉得自己无法控制这样的状态，所以会被吓到。

由于婴幼儿经常间接地表达自己的情绪，所以你在解读他们行为的时候必须考虑到环境背景因素。为了培养孩子的沟通社交技能，父母必须仔细分析他们表达情绪时的背景情况。

一切终将步入正轨。负责处理和调节情绪的各个大脑结构最终会发育完全，并正确互联，像打电话那样互通信息。问题在于，这一发育过程十分漫长，一般要等到孩子上大学的时候才能真正完成。由此可见，在脑结构之间建立正确的沟通渠道是极为重要的。

具有成熟情绪调控能力的人会有怎样的举动呢？假如你和朋友一起去看音乐剧《悲惨世界》。当演员唱起动人的《带他回家》时，你意识到两件事：你哭了，不过只是啜泣；如果自己放任这种悲伤的话，场面有可能失控。为避免尴尬，你对身处的情境进行了迅速的重新评估。于是你一边听着音乐一边强忍眼泪，最终勉强保住了面子，没有失态。

这种支配自己的能力就是情绪调控能力。哭泣或其他情绪表达并没有什么不对，但你很清楚这些表达适用于或不适用于哪些社交背景。精于此道的人一般会拥有许多朋友。如果你想让自己的孩子过得幸福，那么就该花大力气教他们在什么时候，并以何种方式使用这种过滤机制。

探究情绪的源头

“它发亮了！”一个女孩尖声叫道，她既兴奋又害怕。“噢，我可以看见它的钳子！”女孩身后的小男孩说。“这是它的螯针！”另一个女孩说。男孩答道：“啊，它看起来就像是你姐姐的鼻子！”此话一出，那个女孩就推了他一把，我忍不住笑出声来。一群兴高采烈、生机勃勃的三年级学生就在我的身边，他们是来博物馆进行实地考察的。让他们兴奋不已的是一只蝎子，在紫光管的照射下，这只蝎子正泛着荧光。

这只孤独的蝎子被安放在一个大玻璃缸里，它一动不动地趴在一块石头上，紫光管发出的紫外线把它变成了散发着荧光的节肢动物之王。如果你是一个脑科学家，眼前的这只蝎子会让你想起最复杂的脑结构之一，那就是产生和处理我们情绪的地方。

如果你愿意的话，可以想象那只蝎子盘踞在你大脑的核心部位。大脑是由两个半球构成的，酷似两个球形玻璃鱼缸口对口焊接起来的形状（见图 5-1）。我先来谈谈鱼缸，然后再聊聊鱼缸里的蝎子。

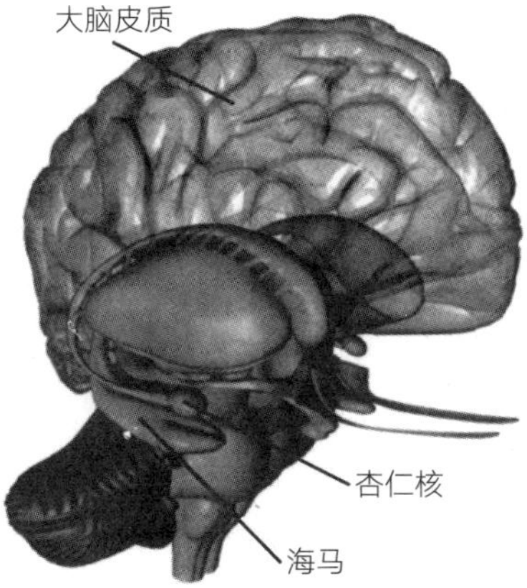

图 5-1　大脑结构示意图

大脑皮质：产生感觉和思维

这两个焊接起来的鱼缸其实就是大脑的左右半球，当然，每个半球的表面并不是玻璃，而是由神经元和分子组成的。这层由细胞组成的外皮就是大脑皮层，它只有几个细胞厚，而且与其他动物的大脑皮质极为不同：它让人类具有抽象思维能力（如解代数题），此外它还涉及外部感觉信息的处理（如发现一头剑齿虎）。但我们并不是因为拥有大脑皮质而对数学题或剑齿虎感到害怕的，承担这一功能的是大脑中的那只“蝎子”。

杏仁核：产生情绪

这只“蝎子”是边缘系统脑结构中的一部分。蝎子的两只钳子，左右脑半球各一个，叫作杏仁核，因为它们长得像杏仁。杏仁核帮助你产生情绪，并存储与情绪相关的记忆。在真正的人脑中，你无法清晰分辨出“蝎子”的形状，因为边缘系统周围还有很多脑组织，其中就包括密密麻麻的，连接边缘系统和大脑皮质的细胞结构，几乎每隔一毫米距离就会有一条这样的结构从皮质垂下。但是杏仁核不只是和大脑皮质相连，它还与控制心跳、呼吸以及运动的脑区域相连。情绪的确被散播到了大脑各个部位的神经网络中。

你还跟得上我吗？接下来的内容更加复杂。

脑岛：整合感知

杏仁核的中心部位和脑岛有着非常粗的连接结构，脑岛是脑内核部位的一个小区域，这是一个重要的发现。无论是来自眼睛、耳朵，还是来自鼻子和指尖的各种身体感觉信息都是在涉及情绪的主观背景下进行加工处理的，而这种主观背景就是脑岛在杏仁核的协助下产生的。这是怎么发生的呢？我们对此几乎一无所知。科学家只知道脑岛收集整合着各种感知，其中包括对于温度、肌肉紧张程度、痛痒、触觉、胃酸、内脏紧张程度以及饥饿等感知。随后，脑岛会把自己的发现告诉杏仁核。所以，一些研究者认为，脑岛和杏仁核的这种沟通，使得身体感觉信息的收集过程对情绪状态的形成和感知带来了重要影响。一些心理障碍，如厌食症或许就与此有关。

你或许会觉得这只“蝎子”就是个话痨。从这些脑区域伸出的连接结构就像是电话线一样，它们会将其他脑区域的信息及人体其他部位的信息传递过来。因此，情绪功能涉及整个大脑，至少是和情绪状态有关的区域。

至于杏仁核是如何酝酿情绪的，以及它为何需要那么多脑区域协助完成此项工作，这依然是一个谜。我们只知道这些脑区域之间的连接需要花费不少时间，有时需要数年之久才能发育完整（自私自利的小男孩也会变成体贴入微的年轻人，只不过这需要时间）。

共情力：人际关系的胶水

除了情绪调控能力以外，感知他人需要并给予共情回应，这对于孩子的社交能力来说也是至关重要的。所以，共情力能帮你交上好朋友。为了培养这种能力，你的孩子必须练习如何了解他人的内心世界，学会恰到好处地解读他人的行为，并在此基础上理解、善待他人。互相关爱能够增进和巩固人与人之间的感情。就让我用一个小故事来说明共情力的重要作用吧。

我不能总是像一个怨妇那样在家发牢骚了。那天我在家打电话给谢丽抱怨说老板经常让我觉得如坐针毡。几分钟后，我闻到了一股尿片疹预防护理霜的味道，随后觉得有人在撩我的裙子。原来，我 2 岁大的孩子打开了一罐护臀膏，正准备往我屁股上抹。我问道：“你在做什么？”女儿回答说：“没什么，妈妈，你不是说屁股疼吗？”我真是爱死女儿了！

大家已经看到了吧，女儿的举动大大激发了母亲对她的爱，共情力将她们紧紧地绑在一起。科学家给这种互动起了名字：如果一个人真的因为别人高兴而高兴，因为别人悲伤而悲伤，那么此类行为就被称为“主动建设性行为”。它的作用十分强大，不仅能让父母和孩子之间的关系更密切，而且能增进夫妻之间的感情。如果夫妻之间的互动有 75% 属于主动建设性行为，而只有 25% 属于有害的冲突，那么夫妻离婚的概率几乎为零。在夫妻之间的交流中，两种行为的最佳比例是 5 ∶ 1。我们先前已经讨论过共情力对于塑造优秀父母的重要作用。

镜像神经元：感同身受

共情力具有生理基础。我是在儿子第一次打疫苗针的时候深刻体会到这一点的。我紧张地看着护士把针剂抽进注射器，小诺亚从我的眼神中察觉到情况有些不妙，于是开始在我的怀里扭动身体。这是他第一次打疫苗，一切还没开始，他就已经不高兴了。我知道接下来的几分钟会很难熬。我太太在大儿子打疫苗的时候已经尝过这种滋味，她本人也不喜欢打针（小时候给她打针的护士患有帕金森综合征）。这次，她把艰巨的任务扔给了我，自己躲到屋外去了。所以，我只能硬着头皮紧紧抱住诺亚，眼睁睁地看着医生下针。

照理来说，我不应该害怕打针，平日做实验的时候，我经常把病原体注射进实验小鼠的身体里，还把玻璃电极插入神经组织，把颜料注入塑料试管（虽然有时会对不准）。但这次完全不同，注射器就像是一只来自地狱的大蚊子，当针头插进诺亚的小胳膊时，他的眼睛紧紧地盯着我，这种眼神似乎是觉得我背叛了他，令人无法忍受。诺亚的额头皱得像玻璃纸，他号啕大哭起来，我也忍不住在心里陪他一起哭。不知道为什么，我觉得自己就是个失败者，而且我的胳膊也开始隐隐作痛。

这是我的大脑在作怪。一些研究者相信，当我目睹诺亚受苦的时候，我臂膀中负责痛觉的神经元突然活跃了起来。虽然打针的不是我，但对我的大脑来说，这并不重要。我正在感同身受儿子的痛苦，因为他是我非常在乎的人，怪不得我的胳膊会疼。

这些所谓的镜像神经元像小行星一样分布在大脑的各个区域。研究者认为，当我们目睹他人经历特定事件的时候，这些神经元就会和记忆系统以及情绪处理系统共同发挥作用。镜像神经元有很多种，在上述例子中，与极端痛觉相关的镜像神经元发挥了作用；此外，运动神经元也被激活，导致我有一种想把胳膊抽回来以逃避打针的冲动。

许多哺乳动物似乎都有镜像神经元。实际上，这类神经元最早是在意大利科学家研究猴子行为的时候发现的。研究人员发现，在猴子捡起葡萄干的时候，其特定的脑区域会被激活。有趣的是，即便是在猴子看着其他猴子捡起葡萄干的时候，这些脑区域也会被激活，这时猴子的大脑就在模拟其他个体的行为。对人类来说，无论是你自己撕纸，还是看见玛莎大婶撕纸，甚至是听见有人说“玛莎大婶正在撕纸”，大脑中的相应区域都会被激活。

镜像神经元似乎为我们建立了直通别人内心的通道，让我们能够理解他人的感受，就好像自己也经历了发生在别人身上的事情一样。这听起来是不是很像共情呢？镜像神经元或许还与非语言信号（特别是面部表情）以及他人意图的解读能力密切相关。后者是心理推测能力的一部分，我们将在有关道德的章节中详细介绍心理推测能力。一些研究者认为心理推测能力是共情力的核心。

并不是所有科学家都认为镜像神经元能够像共情一样协调参与复杂的人类行为，这个问题仍有争议。虽然大量研究显示镜像神经元的确发挥了作用，但我认为有必要对这些现象进行更多的研究。也许我们将来会发现共情不只是一种涉及情感的现象，或许可以在神经生理层面找到其根源，如果真是这样的话，那可是个重大发现。

镜像神经元的活动状况是可以轻易测量的，所以并非所有的孩子都具有相同水平的共情力。比如，孤独症患儿就无法察觉他人的情绪变化，他们无法通过别人的面部表情来推断他人的内心想法，也无法发现别人的动机和意图。一些研究者认为他们缺乏镜像神经元活动。撇开孤独症患者不谈，其他人的共情力也有强弱之分。一些人很懂别人的心思，而另一些人则十分木讷。这些倾向都是天生的吗？虽然不能忽略社会和文化的影响，但这些倾向很可能确实与遗传因素有关。

这些倾向所具有的神经基础，意味着孩子的社交技能系统不完全由父母控制，但是子孙后代所获得的幸福也部分取决于遗传因素。这听起来或许有些不可思议，让我们好好聊聊这个话题。

幸福会遗传吗

我母亲说我出生的时候在笑。虽然当时没有摄像机，父亲也不在场，但我有证据：母亲保存着一张接生医师写的纸条，上述：“孩子好像在笑。”

这很有趣，因为我喜欢笑，而且也很乐观，我总是认为事情会朝着好的方向发展，即便找不到任何可以支持这种信念的证据。在我看来，装着半杯水的杯子永远是半满的，即便杯子已经漏了。这一特质不止一次拯救了我的精神世界，因为我多年来一直在研究精神疾病的遗传学课题，这类科研工作极为艰苦，非常容易让人抑郁。如果我出生时在笑，这是否意味着我天生就快乐呢？不，当然不是这样。大多数婴儿是哭着出生的，这也并不意味着他们天生就抑郁。

那么，乐观或悲观的倾向是否会遗传呢？马丁·塞利格曼是 20 世纪最杰出的心理学家之一，他认为这个问题的答案是肯定的。塞利格曼是最早将压力和临床抑郁直接挂钩的心理学家之一，在他的早期研究中，塞利格曼不断对狗实施电击，直至它们绝望从而进入习得性无助状态。也许是这类苦情研究做得太多了，许多年后他调整了研究方向，这回他选择了习得性乐观。

幸福恒温器

在对乐观进行了多年研究之后，塞利格曼得出结论：**每个人都有天生的幸福预设值，就像恒温器一样。**该理论建立在已故心理学家戴维·莱肯（David Lykken）的理论之上，莱肯曾是明尼苏达大学的行为遗传学家。一些孩子的幸福预设值很高，无论生活发生何种变故，他们都会过得比较幸福；而另一些孩子的幸福预设值则很低，即便身处较好的生活环境，他们也比较容易抑郁。其他人则介于两者之间。

这听起来的确有点儿像宿命论。塞利格曼认为，虽然你可以让幸福值上下波动，但它不会过于偏离上帝赐予你的预设值。他甚至创造出了幸福方程式以测量人们的幸福水平。在用这个方程式进行计算的时候，你需要把幸福预设值、环境因素的分值以及你可控因素的分值进行加总。

并不是每个人都赞同塞利格曼的理论（批评幸福方程式的人尤其多）。虽然大量证据说明幸福水平的确有一个预设范围，但我们还需要对这一课题进行更多研究。到目前为止，科学家既没有发现只负责幸福感受的独立脑区域，也没有在分子层面剥离出“幸福”基因或幸福的调控器，他们仍在这两个研究方向上不断努力。我们会在本章末尾提一提目前已经发现的一些与幸福有关的基因。

始于 19 号宝贝的所有相关研究只是告诉我们，遗传因素的确会对人们能否体验持久的幸福产生一定的影响。

气质是情绪的原料

人们很早就知道孩子出生的时候就具有特定的气质。杰罗姆·凯根，也就是那个研究 19 号宝贝的科学家，他最早用实证研究证明了这一点。人类的气质非常复杂，是一个多维度概念。气质是指对外部事件做出情绪和行为反应的特定方式。这些反应往往是固定和天生的，孩子刚一出生就会表现出这样的特征。

父母常常把气质和人格混为一谈，但从研究的角度来看，它们并不相同。实验心理学家通常认为人格是可以改变的，就像父母的教养和文化因素能够塑造孩子的行为一样。气质之于人格好比地基之于房屋。许多研究者相信，气质为人格的构建提供了情绪和行为方面的原料。

高反应、低反应气质

凯根对这一类气质，即婴儿在碰到新事物的时候如何反应很感兴趣。他注意到：大多数婴儿在接触新事物的时候很大胆，他们会平静地注视新玩具，充满好奇，并专心地研究它们；另一些孩子则很紧张，他们很容易觉得不安。凯根想找一些后者这样敏感的孩子，并跟踪他们的成长过程。1 ～ 18 号宝贝属于前一类婴儿，科学家将这些孩子所具有的气质命名为“低反应气质”；但第 19 号宝贝则完全不同，这类宝贝具有“高反应气质”。

凯根实施的著名实验显示，与气质相关的行为倾向非常稳定。虽然凯根已经退休了，但此项研究还在继续，他的同事挑起了重担。该实验对 500 个孩子进行了调查。实验开始时，这些孩子只有 4 个月大，研究者对其气质进行测试，并按高反应气质及低反应气质进行分类。等这些孩子长到 4 岁、7 岁、

11 岁和 15 岁的时候，科学家分别对他们进行跟踪测试，一部分孩子在更大的时候依然要接受测试。凯根发现，起初被判定具有高反应气质的孩子在 4 岁时比低反应气质的孩子更容易变得羞怯，前者中具有这种倾向的孩子是后者的 4 倍；而到 7 岁时，高反应气质孩子中有一半人具有不同程度的焦虑症，但在低反应气质孩子中，这一比例只有 10%；同时，这些行为倾向变化趋势一直没有改变。在另一项有关 400 个孩子的研究中，只有 3% 的孩子在 5 年后改变了行为倾向。凯根将此现象称为“性格阴影的长期稳定性。”

你的孩子会焦虑吗

我的一个科学家朋友有两个女儿，在我撰写本书时这两个女孩一个 6 岁，一个 9 岁，她们的气质正好是凯根研究中的两个典型代表。6 岁女孩非常阳光，她一点儿也不怕生，而且非常自信，很有活力，愿意冒险。她会冲进一个满是陌生人的游戏室，同时和两个人交谈并快速扫视屋内的各种玩具，随后挑出自己最喜欢的娃娃玩上几小时。而她的姐姐则截然相反：这个女孩胆子比较小，总是犹豫不决。在很不情愿地离开母亲之后，她小心翼翼地走进同一个游戏室。随后，她就躲在一个安全的角落，一直坐在那里。她对探索不感兴趣，而且几乎不说话，当别人试图和她讲话时她也会觉得害怕。这不就是 19 号宝贝吗？

你的孩子也会是 19 号宝贝吗？这一事件发生的概率是 1/5。在凯根的研究样本中，具有高反应气质的孩子占到总人数的 20%。

但是，这类孩子将会如何发展还取决于很多因素。每个人的大脑都是不同的，因此同一种心理状态未必会引发相同的行为。这一点很重要，大家必须牢记，高低反应只是气质的一个维度。研究者对许多变量进行了调查，其中包括抑郁程度、集中注意力时间长短、社交能力高低、是否具有活力以及身体机能是否健康等。凯根所做的这类研究只是得出有关倾向性的结论，而不能决定一个人的命运。与其说相关研究数据能预测孩子将来会变成什么样子，不如说这些数据能更好地预测他们将来不会变成什么样子。具有高反应气质的婴儿长大后不会变得活力四射和张扬，他们也不会变成胆大包天的乐天派。对我的朋友来说，他的大女儿永远都不会变得和小女儿一样。

如果你的孩子具有高反应气质，那么又该怎么办呢？他们看似不太好培养，但这些孩子也有自己的闪光点。凯根注意到，当这些孩子开始上学后，尽管他们有些神经过敏，但多数人的成绩都很出色。他们还会结交很多朋友，并且不会做出太越轨的举动，比如吸毒、偷吃禁果或飙车。专家认为，这是因为紧张刺激的事情会让他们变得更加焦虑。凯根常常雇佣这样的人协助研究。“我总是在寻找高反应气质的人，”在接受《纽约时报》采访时凯根如是说，“他们有些强迫症，所以不会犯错；而且他们在编制数据的时候非常仔细。”

为什么**挑剔的孩子最容易遵从父母的心愿**？为什么**他们善于交际并且成绩优秀**呢？因为他们对环境非常敏感，即使他们经常陷入纠结中。只要父母在塑造子女行为的时候态度积极，充满爱心，那么就连那些最难伺候的娇生惯养的孩子也会茁壮成长。

气质不是由单一基因决定的

气质在孩子出生后就会显现，并且一直保持稳定。这是否意味着气质完全是由基因控制的呢？并非如此。我们已经知道恶劣天气对胎儿造成的长期影响，因此通过增加母亲的压力激素来创造压力重重的婴儿是完全可能的，这里根本就没有遗传因素的作用。气质是否涉及基因是一个科学问题，而非科学事实。令人高兴的是，科学家正在努力解答这个问题。

到目前为止，有关双胞胎的研究显示，气质并不是由单一基因决定的（有关基因的研究总是始于双胞胎，最佳的研究对象就是一生下来便被不同家庭抚养的同卵双胞胎）。同卵双胞胎气质的相关系数（也就是相似性）约为 0.4，这意味着基因对气质的形成很可能发挥了一定的作用，但并不是全部。异卵双胞胎气质的相关系数则下降到了 0.15 ～ 0.18。

不过，科学家的确剥离出了一些基因，它们或许能帮助我们解释发展心理学中最令人困惑的现象之一：一些孩子虽身处逆境却坚忍不拔、自强不息。

逆境中的坚忍

米罗的父亲是一个酒鬼，任何会动的东西他都打，但受到暴力侵害最多的并不是米罗，而是他的姐姐。此外，不管是否清醒，父亲还经常打他们的母亲。这让她心如死灰，变得麻木冷漠，既不给孩子包扎伤口，更不会帮他们抚平内心的创伤。一天，米罗的母亲觉得自己已经受够了，于是离家出走了，再也没有回来。气急败坏的父亲把米罗的鼻子打骨折了，自此以后，米罗就代替了母亲成为父亲的出气筒和沙包。之后的几年里，他的父亲整日浑浑噩噩，游走在酒精和毒品创造的虚幻世界里，还经常干一些偷鸡摸狗的勾当。米罗就这样一天天长大。在他 16 岁的一天，父亲叫他上楼，但他目睹的却是父亲用手枪打爆自己脑袋的骇人一幕。你也许会想，这个孩子一定会崩溃，没有未来。但事实并非如此。

米罗的大脑对数字很敏感，他的学习成绩很好，尤其是数学。自父亲去世后，他便一人挑起了家庭的重担，而且还开始帮助成绩极差的姐姐学习。米罗后来被选入提高班，成为学生会主席，申请到大学奖学金，并获得了商科学士学位。虽然早先的那些经历依然像扎进肉里的刺一样不时折磨着米罗，却没有阻止他前进的步伐。在我撰写本书时，米罗已经结婚，并育有两个孩子，自己开办了一家汽车经销公司，而且从不喝酒。迈尔斯·戴维斯（Miles Davis）是米罗最钟爱的爵士乐手，他的一句歌词一直鼓励着米罗：“我还没有准备好成为别人心中的记忆。”

对于像米罗这样的人，应该作何解释呢？科学家尚无答案。大多数身处如此恶劣成长环境的孩子会变成父母的翻版，但并不尽然，像米罗这样的孩子似乎具有一种摆脱逆境的超能力。一些研究者试图用毕生精力来破解这种复原力的秘密，目前遗传学家也加入了这一行列。我们接下来将要谈到代表着当今行为研究最前沿的研究发现。

三种复原力基因

人类的行为几乎总是成百上千个基因协同作用的结果，但不管在哪个运动队里，总有那么几个是挑大梁的，基因也是一样。虽然相关研究还处在初级阶段，但有三颗耀眼的明星值得关注，在气质和人格的塑造过程中，这些基因或许发挥了一定的作用。

慢单胺氧化酶 A 基因：减轻创伤造成的痛苦

像米罗姐姐那样遭受过虐待的孩子，未来酗酒的风险会大幅提高。研究者很早就发现了这一现象，这些人也更容易患上“反社会人格障碍”这种病态的心理疾病。

但是，如果他们具有一种叫作 MAOA 的单胺氧化酶 A 基因变体，那么情况就会变得完全不同。该基因有两种变体，一种是慢版，另一种则是快版。如果孩子拥有快版变体，那么他将变成我们预料的样子。此类快版变体会促使创伤记忆对河马和部分杏仁核进行过度刺激，这一过程造成的痛苦会让人难以忍受，于是借酒浇愁就成了顺理成章的选择。如果拥有慢版变体，孩子就能抵御恶劣环境的影响，因为慢版变体能够有效平复这些系统，虽然创伤依然存在，但造成的痛苦会小很多。

DRD4-7 基因：防御不安全感

米罗的母亲在情感上和孩子十分疏远，即便在孩子身边，她也不会关心他们。这种情况往往会导致孩子没有安全感，所以他们会想方设法吸引别人的注意力。

但是，并非所有缺乏安全感的孩子都是如此。荷兰的一群科学家认为这个问题的关键是一种叫作 *DRD4*，即多巴胺受体 D4 的基因。多巴胺受体能够和神经递质多巴胺绑定，并产生特殊的生理作用。如果这类孩子拥有该基因的一种变体，即 *DRD4-7*，那么这种因为父母疏远而产生的不安全感就不会恶化。这种基因的作用就像是给孩子的大脑抹了一层特氟龙涂层，防止因家庭创伤造成的不利影响，同时能让孩子的自我保护能力提高 6 倍之多。

长 *5-HIT* 基因：抵抗压力

科学家很早以前就发现，一些人在遇到巨大压力或遭受心理创伤的时候表现得坚定从容。他们或许会一时受挫，但最终能东山再起。另一些人在碰到相同情况的时候则会陷入深深的抑郁和焦虑之中，久久不能自拔，极个别人甚至会自寻短见。这两类截然不同的反应看起来就像是凯根研究的低反应和高反应气质。

5-HIT 基因是一种血清素载体基因，它或许可以用来解释为何会存在上述差异。该基因解译出来的蛋白质就像是一辆辆大卡车，它们将神经递质血清素运输到大脑的各个区域。该基因有“长”“短”两种变体。

如果你拥有长版基因，那非常好，你的压力反应会根据其严重性及创伤期的具体情况分析，始终处于正常范围内（具有这种基因的人自杀风险低，恢复概率大）。但是具有短版基因的人对于创伤的反应就比较负面（抑郁，恢复期也较长），这类人难以调节自己的情绪，而且不善交际，这些特点难免让人想起 19 号宝贝。

一些孩子生来就对压力比较敏感，另一些则天生抗压，上述基因的发现让我们能够负责任地说，这些倾向具有一定的遗传基础。这意味着改变孩子的此类气质倾向就像改变他眼睛的颜色一样，那是绝无可能的。

气质不决定命运

对于本章提及的科学发现，大家一定要谨慎对待。有关基因的研究还需要更多数据的证实，其中一些还需要进行多次复制才能被确认；同时所有研究得出的都只是相关性，并非因果关系。请各位牢记：气质不决定命运。孩子的成长环境对上面提到的所有基因都会产生巨大作用，我们将在下一章仔细讨论。无论如何，在考虑行为的时候，遗传是一个重要因素并非“首要”因素，做父母的必须明白这其中的复杂性。

在勇往直前、日新月异的医学领域，对此类行为倾向进行基因筛选很可能会变成现实。知道自己的孩子是高反应还是低反应气质有没有价值呢？与抗压的孩子相比，对压力敏感的孩子当然需要不同的培养方式。总有那么一天，你只要让孩子抽一次血就能知道他的行为倾向。当然，这一天还很遥远。我们现在可以做的是尽力了解自己的孩子，这能让你更加清楚应该如何规划他们的幸福之路。

温馨回顾

- 预测孩子将来是否能够幸福的最佳因素就是他们与亲友的关系。
- 能够有效控制自己情绪的孩子比其他孩子更善于结交朋友，和亲友的感情更深厚。
- 没有一个大脑区域能够处理所有情绪，分布广泛的神经网络在情绪反应中扮演着重要角色。
- 情绪对大脑极为重要，它们就像标签一样，帮大脑标注、过滤各类信息，并按照重要性对各种信息进行排序。
- 遗传基因在某种程度上决定了孩子的幸福。

Brain
Rules for Baby

第6章 养成幸福的习惯

大脑规则

大脑渴望交流。

共情能够平复紧张情绪。

标注情绪能够舒缓强烈的情绪。

“不要胡萝卜！”2岁的泰勒尖叫道。他的母亲瑞秋想让他多吃些有营养的食物，少吃些糖果。“曲奇！泰勒要吃曲奇！”这个小家伙一耍起无赖就没完，他一边高声尖叫，一边用小拳头捶地。“曲奇！曲奇！曲奇！”他愤怒地喊道。自从尝了第一块曲奇后，泰勒就把自己的人生目标设定为尽可能多地往嘴里塞曲奇。

瑞秋现在是个全职母亲，虽然她以前是一个非常干练的营销总监，很少发脾气或是手足无措，但儿子让她崩溃了，而且怎么都逃不开。只要瑞秋离开房间，泰勒就会变成一枚巡航导弹，到处搜寻母亲，一旦找到母亲，他又会和先前一样一屁股坐在地上又哭又闹。大多数时候，瑞秋会抓狂，然后尽量找个地方躲起来，有时候她会把自己锁在厕所里，用手指塞住耳朵。瑞秋认为，无论孩子或她自己有什么情绪，发泄出来总归是好的。她由着泰勒的性子来，觉得孩子总有一天会自己变好，但泰勒的脾气却是一天比一天大，瑞秋的状态也是每况愈下。随着时间的流逝，瑞秋变得越来越焦虑，越来越难以控制自己的情绪。无论是在工作中，还是在生活中，她以前从未经历过这样的状况。瑞秋已经精疲力竭、无计可施，因为泰勒太能折腾了，局面已经完全失控。

虽然我们在前一章谈了气质对于孩子未来幸福的重要影响，但这并不意味着父母就可以袖手旁观了，恰恰相反，他们的确可以做些事情来提高孩子获得幸福的可能性。我之所以用泰勒耍无赖的故事开始本章，是因为这样一个惊人的事实，即瑞秋对孩子耍无赖的处置方式会对他将来的幸福产生重大影响。实际上，泰勒将来能否成为一个真正的男人在很大程度上取决于瑞秋的反应模式；泰勒是否能够理解别人的想法，是否能够找到好朋友都会极大地受到瑞秋反应模式的影响。和孩子建立情感纽带，并以特定方式密切关注他们的情感生活能够大幅度提高孩子将来的幸福水平。本章的要点就是要详细说明，父母应该用怎样的方式来关注孩子的情感世界。

互动交流加强依恋关系

让我们先来认识一个优秀的科学家，几十年来，他一直在研究孩子的情绪生活以及父母与孩子的交流方式。他的名字和 20 世纪 50 年代科幻电影里的人物一样，此人便是埃德·特洛尼克（Ed Tronick）。

特洛尼克有一双深蓝色的眼睛和一头乱蓬蓬的白发，总是面带微笑。在 20 世纪 60 年代，他曾是一个反战人士，而且属于第一批在其他文化中实地研究“养育”实践的科学家。他曾到过秘鲁、刚果等国家，但给人们留下最深印象的还是他所做的“躲猫猫研究”。我们能在这些游戏中看到巩固父母与孩子感情的双向沟通。下面这段文字摘自特洛尼克的研究报告：

> 当躲猫猫游戏的强度达到巅峰的时候，婴儿突然将头转向别处，并开始吮吸拇指，他的脸上没有什么表情。母亲见状也停止了游戏，身体往后靠了靠，默默地看着孩子……几秒钟后，孩子又把头转了回来，而且一脸期待。母亲随即笑着靠近孩子，并用夸张的语调尖声说道：“噢，你回来啦！”孩子一边笑一边咿咿呀呀地回应母亲。之

后，婴儿又将手指塞进嘴里，并把头扭向一边。母亲继续在一旁静静等待……一会儿，孩子又把头转向母亲，他们的脸上都洋溢着灿烂的微笑。

有几点值得注意：① 这个 3 个月大的婴儿有着丰富的情绪生活；② 母亲密切关注孩子的情绪世界，她知道什么时候应该和孩子互动，什么时候应该静静地守候在一旁。这些有关父母与孩子和谐互动的研究视频我看了很多，每一次交流看起来都像是一场精彩的乒乓球比赛。尽管这些交流过程并不是连续的，因为孩子会时不时地把注意力转向别处，不过父母和孩子的沟通却是双向的。特洛尼克将这称作“相互作用同步”。**专注且耐心的互动真的能够促进孩子的大脑健康发育，并让他们的情绪变得稳定。**如果婴儿的大脑没有经历过此类同步的交互，那么发展过程就会变得迥然不同。

显而易见，在上文描述的躲猫猫游戏中，母亲与婴儿建立了良好的互动关系，科学家于 20 世纪 60 年代用一个词来命名这种关系，那便是“依恋”。依恋理论源于这样一个发现：即婴儿在降生到这个世界上的时候就已经拥有许多情绪和人际关系能力。他们一出生就能表达厌恶、难过、好奇和满足情绪；在 6 个月内，他们就能体验愤怒、恐惧、悲伤、惊讶和喜悦；再过一年时间，他们还能感受到什么是尴尬、妒忌、内疚，甚至还有骄傲。这些情绪就像是机械战警眼前的数码标签，它们会告诉大脑应该注意些什么。不同的孩子会关注不同的事物：有的对爸爸的胡子感到好奇，有的觉得穿袜子很难受，有的害怕或喜欢小狗。了解孩子对哪些事物会产生情绪反应以及他们会以怎样的模式进行反应，这不仅是依恋过程的一部分，而且是培养幸福孩子的一大秘诀。

我们在之前的章节已经谈到过，孩子之所以进化出这些人际关系能力是因为他们不能养活自己，需要迅速俘获成年人的心，让有能力的成年人来喂养他们以确保其生存需要得到满足。大多数成年人一看见孩子就会被他们的可爱所打动，这的确是一件不可思议的事情，也正因为这个缘故，成年人与孩子之间的交流很快就变成双向的了。当此类双向沟通得到巩固后，婴儿就会变得有依恋感。所以，依恋关系是指婴儿与成年人之间的互动情绪关系。

很多经历都能加固这种依恋关系，而父母能否在孩子很小的时候给予其充分的关注是一个关键因素（虽然遗传因素也会发挥很大作用）。如果绑定过程受到了干扰，那么孩子就未能建立安全的依恋关系，与已建立安全依恋关系的孩子相比，他们在社交响应能力测试中表现较差，分数比前者低 2/3；同时，他们长大后在与他人交往时发生情绪冲突的概率是前者的 2 倍；他们的共情力较差，而且易怒，学习成绩也比较差。

依恋关系需要慢慢建立

媒体常常错误解读依恋理论。有这么一种说法：婴儿出生后与父母建立依恋关系的窗口期很短，在人际关系胶水干掉之前，成年人应该尽快通过各种方式，比如将孩子放在母亲的肚子上，来和他们建立情感联系。这样的理论在今天依然大行其道。

我的一个同事曾经告诉我这样一件事情。一天，他给父母举办一个有关依恋关系的讲座。刚一结束，一个名叫苏珊的女子就跳到讲坛前。“我不知道该怎么办。”她说。苏珊在一个月前生下了自己的第一个孩子，由于分娩不顺利，她产后精疲力竭。于是，在本该与孩子建立依恋关系的“黄金窗口期”，她却一直呼呼大睡。苏珊边哭边说：“我的孩子还会爱我吗？”她很害怕自己与孩子的关系会因此遭受不可修复的致命打击。一个朋友曾经告诉她产科病房里贴着这么一句话：“在与孩子建立情感纽带之前，请一直把孩子放在母亲身边。”如果真是这样的话，苏珊可惨透了。

我的同事努力安慰苏珊，告诉她这没关系。他说，在孩子的发展过程中，没有什么不利影响是不可逆转的，更何况她也没有伤害孩子，而且将来还有很多时间和孩子积极互动，建立紧密的依恋关系。

实际上，**依恋关系更像是慢干的水泥，而不是快干的超级胶水。**婴儿在出生后就开始建立有关人际关系的可变工作模型，随后，他们便利用这些信息猜测自己应该如何求得生存，赢得父母的关心自然就是他们的第一个目标。在这一过程中建立起来的关系需要较长时间慢慢发展，或许需要两年以上。统计数据显示，如果父母从孩子还很小的时候就持续密切关注他们的成长，那么孩子长大后就更有可能获得幸福。

为人父母需要勇气

和孩子持续同步互动是不是足够了呢？并非如此。和你 3 个月大的孩子互动是必须的（也是令人快乐的），但这不足以让他变成幸福的公民。孩子一定会在某个时间点长大，他们的行为也会随之发生改变，这会给他们与其他人的关系注入许多变数。作为父母，你必须适应这种变化。养育子女是一件让人兴奋的事情，但这项艰巨任务可不是懦夫能够扛得起来的。孩子的变化到底会有多大呢？让我们倾听父母的诉说：

> 我那 3 岁大的小甜心怎么会在一夜之间变成了恶魔呢？她今天对我说她不喜欢我，还想用刀捅我。她试图用脚踩 14 个月大的小弟弟的手指，还边大声说着粗话。
>
> 唉，我刚刚严厉训斥了我 5 岁大的儿子。我一遍遍地叫他不要在屋子里乱跑，因为我正在打扫房间，一些垃圾就堆在地上，可他却和妹妹不停地把垃圾踢来踢去。我每次警告他的时候，他就对我坏笑一下，然后接着乱跑。我不得不承认，这次测验我没有及格。我本来想给他一些玩具，让他有事做，可他就是要四处乱跑。我真不想发火，但碰到这么调皮的孩子我还能怎么办呢？

你可以感受到这些母亲身上发生的转变。3 岁的孩子更喜欢说脏话，上幼儿园的孩子更难以管教，即便如此，下面的场景同样会发生：

我今天给 3 岁的女儿修剪头发。她照了照镜子，然后竖起大拇指对我说："很不错，姐们儿！"随后便开怀大笑！

人们常常认为 2 岁大的孩子时而是恶魔，时而是天使，但实际上这是三四岁，甚至更大孩子所具有的特点。在小孩长到 2 岁大的时候，父母也开始进化，他们不再是用柔声细语哄孩子的照料者或心怀神圣使命的玩伴，而是变成了另外一个人：他们时常对孩子怒吼，揪他们的头发，并且用读秒的方式给孩子下最后通牒。总之，父母的首要任务已经变成了训导孩子，这种转变非常自然，当然随之而来的挫败感也在意料之中。这个年龄段的孩子会让大多数父母更加全面和深入地了解自己，比如自己的忍耐极限到底有多大。给孩子制定规矩当然是必要的，但如果你希望孩子将来能够获得幸福的话，就必须仔细揣摩制定规矩的方式、方法。

培养出类拔萃的孩子

怎样的孩子才算出类拔萃呢？我的好朋友道格就算一个，20 世纪 70 年代的时候，我们在同一个高中读书。道格非常聪明，数学成绩很好，而且擅长辩论。实际上，只要他用心，什么学科都难不倒他。代表毕业生在高中毕业典礼上发言的是他，同样的，代表新生在大学开学典礼上发言的还是他。道格还具有非凡的运动天赋（很多大学的运动队都想录取他），他很自信，常常面带微笑，而且生性乐观。更重要的是，他虽然善于交际，却十分谦逊，这让他极受欢迎。无论你从哪个角度进行审视，道格都是一个聪颖而热忱的人，他拥有天赋，善于结交朋友，而且非常幸福。那么，这一切到底是由什么造就的呢？

不少研究数据告诉我们，道格这样的孩子与他人的不同之处是可以测量出来的。他们的调控自主神经系统——也称为迷走神经——的潜意识能力异常稳定。道格是这类孩子的代表，他们分布在世界各地，表现都十分出色。他们具有下列特点：

- 善于调控情绪，让自己平静下来的速度更快。
- 学习成绩名列前茅。
- 善于理解他人的想法。
- 对父母忠诚，遵从他们的意愿，这是因为他们在乎父母，而不是害怕父母。
- 较少抑郁或焦虑。
- 受传染病感染的概率最低。
- 诉诸暴力的可能性较低。
- 有很多朋友，而且和朋友的友谊十分深厚。

最后一个特点是他们最大的幸福宝藏。父母们肯定要问这样一个问题：

道格的父母并不是心理学家。他们结婚 20 年，开办了一家杂货店，生意还不错，过着开心而富足的生活。显然，他们的特殊教育方式造就了道格。

研究者也想知道如何才能培养出像道格这么出色的孩子，这个问题和如何让某种文化发扬光大一样重要。虽然该领域缺少对样本进行随机抽样的严格纵向研究，但一些优秀的学者还是尽了自己最大的努力：他们对培养出优秀孩子的家庭进行研究，然后试图分析出哪些教育举措能够让孩子茁壮成长。学者们都想知道这些父母有没有共通的做法，换言之，是否存在与我们希望得到的结果呈强相关的教育技巧，能否用这些技巧来预测孩子的未来。

这些问题的答案是肯定的。我们得出了相关性，但是变量之间的关系却异常复杂。在排除掉种族和收入因素之后，结果发现培养出优秀孩子的父母都重复着相似的举动。如果你对先前提到的那些优秀品质感兴趣的话，我们能够告诉你如何培养出具备这些特点的孩子。相关研究的统计分析异常复杂，但我会用一位名厨制作的菜谱来形象地说明你要做的事情。这位大厨就是博比·弗雷（Bobby Flay），而这道菜就叫作干抹腌制烤鸡。

博比·弗雷长了一头红发，说着一口纽约腔英语，他开办的一系列餐馆生意都非常火爆，弗雷赢得了若干届美国名流主厨的荣誉称号，他最拿手的是西南口味的菜肴。如果你的口味很重，而且喜欢多油的肉类菜肴，那么一定会很喜欢弗雷烧的菜。幸运的是，弗雷也为关心健康的人士开发了许多美味佳肴，即便是喝凉水都会发胖的人也不必担心。其中一道口味、营养俱佳的名菜便是干抹腌制烤鸡，干抹腌料是用各种香料混合而成的，厨师会将这些作料抹在鸡肉上，等鸡肉腌制一段时间后再将其送进炉内烘烤。

对我们来说，鸡肉就是孩子的情绪生活；干抹腌料由 6 种香料组成，它们是培养孩子的各种具体行为。如果父母经常用这些腌料处理鸡肉，那么孩子将来获得幸福的可能性就会大幅提高。

探测孩子的情绪

在培养子女的过程中，父母每天都会碰到很多问题，并非所有问题都会对孩子的将来产生重要影响。不过有一点绝对不能忽视，那就是父母处理孩子情绪生活的能力，包括如何探测孩子的情绪，并对其做出反应，以及指导孩子调节情绪。

在过去的 50 年里，黛安娜·鲍姆林德（Diana Baumrind）、海姆·吉诺特（Haim Ginott）、林思·卡茨（Lynn Katz）和约翰·戈特曼所做的研究得出了上述结论。这就是为什么孩子的情绪生活最为重要的因素，它就像是干抹腌制烤鸡这道菜的主要食材——鸡肉。除非你把挑选上好鸡肉作为第一要务，否则其他调料准备得再好你也做不出美味佳肴。对父母来说，最严峻的考验就是在被孩子的强烈情绪惹毛的时候，如何正确应对。下面的要点就是我们烹制烤鸡时所需的 6 种香料：

- 高要求但温暖人心的教育风格。
- 妥善处置自己的情绪。
- 跟踪孩子的情绪。
- 教孩子说出自己的情绪。
- 直面孩子的情绪。
- 无尽的共情。

高要求但温暖人心的教育风格

我们知道的许多有关如何教育孩子的知识都来自黛安娜·鲍姆林德。1927 年她生于纽约，父母是处于社会中低层的犹太移民。她的性格就像红辣椒那样火爆，鲍姆林德曾因为强烈谴责一位科学家的不道德研究行为而名声大振（被谴责的对象是耶鲁大学的心理学家斯坦利·米尔格拉姆 [Stanley Milgram]，他让一群本科生误以为自己把别人电击死了）。

鲍姆林德于 20 世纪 60 年代发表了自己有关如何教育孩子的理念，这一理论框架非常有生命力，科学家现在还在使用。她的理论是围绕 4 种教育风格展开的，并且可以从 2 个方面来描述教育风格：

- 响应程度，即父母给予孩子支持、温暖和接纳的程度。富有爱心的父母常常用各种形式表达对孩子的爱，而充满敌意的父母会让孩子感到冷冰冰的。
- 要求程度，即父母是否对孩子的行为实施严格控制的程度。一些父母会给孩子制定规则，并严格执行；另一些父母则放任孩子，对孩子不管不顾。

我们可以用这 2 个维度画出 4 个象限（如图 6-1），即 4 种被广泛研究的教育风格。其中只有 1 种能够制造出幸福的孩子。

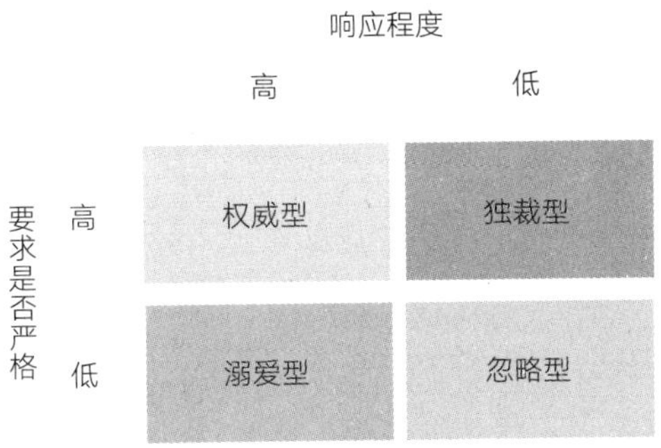

图 6-1　4 种教育风格

- 独裁型——过于严苛。
  低响应加上高要求。在孩子心中树立自己的威信，对具有此类教育风格的父母来说十分重要，他们的孩子一般十分害怕父母。这些父母不会向孩子解释制定规矩的理由，而且总是对孩子冷冰冰的。
- 溺爱型——过于手软。
  高响应加上低要求。具有此类教育风格的父母真的很爱自己的孩子，但他们却不知道如何给孩子制定规矩。他们会避免和孩子发生直接冲突，而且很少要求孩子守规矩。这些父母一般不清楚如何教育孩子。
- 忽略型——过于冷漠。
  低响应加上低要求。这很可能是最糟糕的教育方式。具有此类风格的父母对孩子漠不关心，很少和孩子进行双向互动，只是给孩子提供最基本的照料而已。

- 权威型——恰到好处。

  高响应加上高要求。这很可能是最好的教育风格。具有此类风格的父母对孩子有较高的要求，同时对孩子也是关爱有加。他们会向孩子解释制定规则的理由，并鼓励孩子说出自己的感受。他们还注重培养孩子的独立性，但也要求孩子尊崇家庭的价值观。这些父母往往很善于和孩子进行沟通。

如果父母采用忽略型教育风格，那么他们的孩子可能会变得最不听话，而且这些孩子的情绪最不稳定，成绩也最差。而权威型父母能够培养出像道格这样的孩子。

1994 年进行的一项大型研究证实了鲍姆林德的洞见，该研究涉及数千名来自加州和威斯康星的青春期学生。无论孩子属于什么种族，研究者只需根据父母的教育风格就能预测出孩子将来的表现，后续研究进一步证实并拓展了鲍姆林德的理论。新一代的研究者提出了这样一个简单的问题：父母是如何具备这些教育风格的？这个问题的答案与第二种香料有关。

妥善处置自己的情绪

让我们设想这样一个场景。你到好友家里去串门，她家的一对异卵双胞胎布兰顿和麦迪逊正在地下室玩耍。突然间，孩子的争吵声打断了你和朋友的谈话。原来，一个孩子要用玩具兵打仗，而另一个想用它们玩过家家游戏。“给我！”布兰顿边叫边伸手抢玩具兵。“这不公平！我也要！”麦迪逊回击道，并抢回一些玩具兵。你的朋友脸上有些挂不住，她不想让你觉得自己的孩子那么不听话。于是，她冲进地下室怒吼道：“小祖宗，你们就不能消停会儿吗？难道不知道妈妈因为你们而丢脸吗？”布兰顿开始哭泣，而麦迪逊则悻悻地盯着地板。“我怎么养了这么两个不争气的孩子！”你的朋友喃喃自语，然后上楼回到客厅。

如果你身处这样的情景又会怎么做呢？不管你信不信，心理学家能够准确地预测出你的行为，预测依据就是被约翰·戈特曼称为“元情绪哲学”的理论。元情绪是指你对情绪的看法（“元”的字面意思就是超越或俯瞰）。

一些人喜欢情绪体验，他们认为情绪体验是人生之旅的重要组成部分，而且这些体验会让我们的生活变得丰富多彩；另一些人却认为情绪会让人变得懦弱，令人感到难堪，所以应该压抑情绪；还有一些人觉得某些情绪，比如高兴或开心没有问题，但其他的一些，比如愤怒、悲伤、恐惧等就应该尽量避免；最后还有一部分人不知道应该如何处置情绪，每当有情绪的时候，他们扭头就跑，不敢正视情绪。瑞秋就是最后一类人的代表。你对自己或他人的情绪抱有的看法就是元情绪哲学。你能在上述态度中分辨出鲍姆林德阐述的 4 种教养风格吗？

你持有的元情绪哲学对孩子的未来非常重要，它能预测你会如何对孩子的情绪生活做出反应，而你的反应模式又能预测孩子将来情绪调控能力的强弱。由于情绪调控能力与孩子的社交能力直接相关，所以**你对情绪的看法会对孩子未来的幸福产生深远影响。**为了教育孩子能够妥善处置他们的情绪，父母必须首先学会正确处理自己的情绪。

跟踪孩子的情绪

你可以通过他人的言语来判断他的家庭生活是否幸福，有时候，几句话就足以告诉你一切。著名影星格温妮丝·帕特洛是在演艺世家中长大的，她的母亲是演员，父亲是导演。她的父母一直很恩爱，这在家庭生活多变的演艺圈里实属罕见。1998 年，帕特洛在接受美国《大观》（*Parade*）杂志的采访期间，讲述了这样一个故事：

> 在我10岁的时候，我们全家去了英国，母亲正在那里拍摄连续剧……有一次父亲带我去巴黎度周末，那真是一段美好的时光。在回伦敦的飞机上，父亲问我说："你知道为什么我只带你一个人去巴黎吗？"我说："为什么呢？"他答道："因为我希望你第一次去巴黎的时候，陪着你的是这个永远都会爱你的男人。"

1999年，帕特洛获得了奥斯卡奖，在发表得奖感言的时候她哭得稀里哗啦。她十分感激父母，因为是他们让她知道什么是爱。布鲁斯·帕特洛——她的父亲，于4年后去世，但他那充满爱意的话语依然堪称典范，他懂得如何进行平衡的情绪监测。

我先前曾经说到父母要以特定方式密切注意孩子的情绪生活。我们能够在特洛尼克所做的躲猫猫游戏中看到这种特定方式。

> 母亲见状也停止了游戏，身体往后靠了靠，默默地看着孩子……几秒钟后，孩子又把头转了回来，而且一脸期待。母亲随即微笑着靠近孩子，并用夸张的语调尖声说道："噢，你回来啦！"孩子一边微笑，一边咿咿呀呀地回应母亲。

这个母亲很善于发现孩子的情绪线索。她知道孩子之所以把头转过去，很可能是因为他接收到的感官信息流太大了，所以需要稍作休息。于是母亲往后靠了靠，并耐心等待，直到孩子发出积极信号后才继续游戏。我行我素地坚持游戏只会惹恼孩子，而适时的微笑和回应会让孩子非常开心。虽然这一互动过程持续了不到5秒钟时间，但体现出来的情绪敏感性会对孩子的未来产生巨大影响。你的孩子是出类拔萃的还是成为少年犯，往往就取决于你的情绪反应模式。

培养出幸福孩子的父母在孩子很小的时候便开始这么做了，父母不停地跟踪孩子的情绪变化，就像有人跟踪股票走势和最喜欢的棒球队一样。他们的关注并不会让孩子感到压抑和不安全，因为他们用一种富有爱心的、柔和的方式来观察孩子，就像周到细心的家庭医生所做的那样。无须开口询问，他们就能知道孩子是高兴、悲伤，还是害怕，他们能准确解读孩子的语言和非语言沟通信号。

为什么这么有效呢？我们只知道部分原因。首先，掌握孩子情绪信息的父母拥有预测孩子行为的强大力量。如果父母对孩子的内心想法非常熟悉，那么无论发生什么情况，他们都能比较准确地预测孩子的行为。所以，他们就能了解哪些事情会帮助孩子，哪些会伤害孩子，哪些又是中性的。这是每个父母梦寐以求的教育技能。

其次，常年密切关注孩子的父母不会对孩子多变的情绪发展进程感到猝不及防，这很重要。因为在孩子的发育过程中，大脑结构会发生很大变化，而这些变化会引发孩子的行为变化，行为变化反过来又会激发孩子脑内的生理变化。此类父母在孩子成长的过程中感到猝不及防的次数相对较少。

当然，对于孩子情绪生活的监测并非越多越好，常言道过犹不及。在 20 世纪 80 年代末期，研究者惊讶地发现，给予孩子过多关注，比如对他们的每次咕哝、打嗝或咳嗽都做出响应，反而会阻止与孩子建立安全的依恋关系。孩子也是人，他们也需要相对独立的空间，父母的过度关注会干扰孩子的自我情绪调节过程，从而导致他们情感窒息。

我们在先前提到的躲猫猫游戏中已经看到那个母亲多次根据孩子的反应有意停止游戏。大多数父母一开始都搞不清自己的孩子什么时候觉得被爱包围，什么时候又觉得压力重重，一部分父母永远都搞不清这个问题。之所以会这样，是因为不同孩子能够承受的信息量也是不同的；就算是同一个孩子，在不同的时间段，其信息承受能力或许也不一样。尽管如此，父母还是要努力寻找到平衡点。**只有那些能够根据孩子的变化做出恰当反应，而不是我行我素表达爱意的父母，才能够创造出最安全的依恋关系。**

教孩子说出自己的情绪

"我不喜欢这个娃娃。"一个3岁大的女孩等客人们散去后喃喃自语道。原来她的姐姐今天过生日，而她在这个生日派对中一直都闷闷不乐。现在她终于可以把怒气发泄出来了。父母为了安慰她，给她也买了一个和姐姐一样的洋娃娃，但这非但没让女孩开心，反而激怒了她。"我要艾丽的娃娃！不要这个！"小女孩把娃娃朝地上一扔，边哭边叫："我要艾丽的娃娃！艾丽的娃娃！"如果你是这个孩子的父母，你又会怎么办呢？

"你看起来很伤心，是这样吗？"她的父亲说。小女孩点了点头，依然很生气。父亲继续说道："我知道你为什么不高兴，因为艾丽拿走了所有礼物，你却只得到了一个娃娃！"小女孩又点了点头。"你也想得到那么多礼物，但你的心愿却没有实现，这很不公平，所以你很难过。"父亲没有停下来，接着说，"如果别人得到了我想要的东西，而我却两手空空，那么我也会觉得很难过。"父亲顿了顿。

随后，他说出了最关键的几句话。"宝贝，我们可以用一个词来形容这种感受，"他说，"你想知道这个词是什么吗？"小女孩哽咽着说："想。"父亲将孩子一把搂进怀里。"这叫妒忌。你想要艾丽的礼物，但你却得不到，所以你妒忌她。"小女孩渐渐平复下来。"妒忌？"她低声说。"对，没错！"父亲答道，"这种感觉很不好受。""我一整天都在妒忌！"她答道，随后便一头扎进爸爸的怀里。

这个富有爱心的父亲很擅长两件事情：**标注自己的情绪以及教女儿标注自己的情绪。**他知道悲伤是什么滋味，而且能够轻易说出这种感受；他也知道悲伤在孩子的心里是什么滋味，并且**教孩子把自己的感受说出来。**除了悲伤以外，他还擅长教孩子说出内心的其他感受，如愤怒、厌恶、担心或害怕。

研究显示，**那些培养出幸福孩子的父母都有此类标注情绪的习惯。**如果父母经常教孩子说出内心的感受，那么孩子就会变得更加善于安慰自己，更容易集中精力，并且和同辈的关系也会更好。有的时候知道怎么做比知道怎么说更难；但有时候，把心里的感受说出来就已经足够了。

标注情绪的魔力

我们注意到，当父亲直接说出女儿感受的时候，小女孩就渐渐平静下来了。这个现象很普遍，甚至可以在实验室里对其进行测量。说出内心感受能够让孩子（还有成年人）的神经系统平静下来。所以，我在这里要阐述另一条大脑规则：标注情绪能够舒缓强烈的情绪。

这一现象与大脑的生理特性有关。语言和非语言沟通中枢就像两个互联的神经系统。在婴儿的大脑中，这两个系统还没有很好地连接起来。婴儿很早就能感受到恐惧、厌恶和高兴等情绪，但他们还要过很久才能说出这些感受。这意味着，远在婴儿知晓什么是情绪反应之前，他们就能体验情绪反应的生理特性。这就是孩子常常会觉得强烈情绪很可怕的原因（由此引发的不安会让情绪体验变得更加可怕）。当然，两大系统之间的鸿沟不会一直存在下去，孩子需要努力知晓自己的情绪世界到底发生了什么，无论这些感受起初有多可怕，他们需要将这两大神经系统连接起来。研究者相信，学会标注情绪能够为孩子提供这种连接。这一连接建立得越早，孩子就越有可能拥有安慰自己的能力，相伴这一过程的还有其他许多益处。研究者卡罗尔·伊泽德（Carroll Izard）让我们看到，如果父母没有教导孩子建立此类连接，那么孩子的语言和非语言系统就不能很好地互联，或者以不健康的方式互联。如果孩子无法表达自己的感受，那么他们的情绪世界就会成为各种生理体验的大杂烩而混乱不堪。

我自己就感受过标注情绪这种做法的强大。我的大儿子很容易哭闹，科学研究告诉我说，婴幼儿偶尔哭闹是很正常的（他们想要获得独立，但情绪又尚未成熟）。虽然如此，我有时候还是感到担忧：他看起来很不高兴，好像被吓坏了。这时候，我就会尽可能地靠近他，让他知道我的爱永远在他身边。

一天，儿子又大哭大闹了，等这波强震过去后，我正视他的眼睛说："知道吗，宝贝，我们可以用一个词来描述你的感受，你想知道它是什么吗？"他抹了抹眼泪，点了点头。"这个词就是'沮丧'。你感到沮丧。来，跟着爸爸说'沮丧'。"他突然直愣愣地看着我。"沮丧！我感到很沮丧！"他抽泣着抱住我的大腿，抱得很紧很紧。"沮丧！沮丧！沮丧！"他不断地重复，就好像被施了魔法一样。这匹脱缰的小马驹终于被套住了，他很快就平复下来。

正如研究所展示的那样，说出自己的感受就是具有如此强大的、平复情绪的力量。我亲身感受过之后，觉得实在是不可思议。

学会表达情绪

你或许需要练习大胆说出自己的感受。无论你感到开心、厌恶、愤怒，还是高兴，都应该把它说出来，说给爱人、空气听都行。做到这一点可能没有想的那么容易，特别是对那些不善于体察自己内心感受并和别人进行交流的人来说。但是为了孩子，你必须这么做。请记住，成年人的行为会以两种方式影响孩子的行为：为他们树立榜样或是直接干预。所以，请你现在就开始培养标注情绪的习惯，这样的话，你的孩子就能以你为榜样，并让他们受益终身。

有一点需要注意：此项练习的目的是增强对自己情绪的感知能力。你未必一定要体验强烈的情绪才能感知到它的存在，也无须逢人便说你正在体验什么。练习所要达到的关键目标如下：

- 你知道自己正在体验情绪。
- 你能快速分辨出自己体验的是什么情绪，并能根据需要说出内心感受。
- 你也能迅速辨识他人感受到的情绪。

音乐带来幸福

还有一个办法能够让孩子变得善于感知语言所附带的情绪信息，这就是让他们接受音乐熏陶。芝加哥的研究者发现，受过长期音乐训练的孩子（学习乐器的时间必须在 10 年以上）能够以极快的速度感知情绪线索的细微变化，例如婴儿哭泣方式的细微变化。在其中一项研究中，科学家详细记录了婴儿哭泣的时间间隔、音调以及音质的变化，并实时监测这些孩子脑干（脑最原始的一部分）区域发生的变化。

没有接受过严格音乐训练的孩子脑干区域并未发生显著变化，他们没有监测到植入哭泣声中的细微情绪变化信息。达娜·斯特雷特（Dana Strait）是相关论文的第一作者，她在论文中这样写道："受过长期音乐训练的孩子在这方面有优异的表现，这意味着他们在其他情境中也更善于感知他人的情绪。"

这个发现非常明晰，对现实生活很有指导意义，也有一些出人意料。所以，**如果你想让孩子获得幸福，那么就让他们从小接受音乐熏陶吧**，不过你还必须确保孩子持之以恒，至少让他坚持到填写大学的申请材料为止。如果他一生都热爱音乐，那就更好了。

直面孩子的情绪

对父母来说，眼看孩子命悬一线，而自己却无能为力，只能站在一边干着急，这一定是最可怕的噩梦。

1996年2月的一天，15岁的马琳·帕斯卡和朋友一起去马坦萨斯溪游玩，突然山洪暴发，洪水铺天盖地地涌来。她的朋友勉强爬上河岸，跑到了安全的地方，而马琳却被困在了河里。她紧紧抱住一根树枝，湍急的河水不断地冲击着她的身体。就这样拼命坚持了45分钟之后，急救人员赶到现场，而马琳已经精疲力竭了。岸上的围观者不住地尖叫，其中包括马琳的母亲。

这时消防队员唐·洛佩兹没有丝毫犹豫，他迅速踏入湍急而冰冷的河水，并不断尝试往孩子身上套救生索。一次、两次……当他最终套住马琳的时候，孩子就快要撑不住了。《圣罗萨民主新闻报》的摄影记者安妮·韦尔斯也在现场，她用镜头记录下了这感人的一幕，并因此获得普利策奖。这张照片非常震撼人心：奄奄一息的马琳就要松开树枝，当其他人在尖叫、逃跑或无所适从的时候，作为急救人员的洛佩兹没有退却，而是迎难而上，奋力施救。

培养出像道格这样优秀孩子的父母也需要具备这种勇气：在面对孩子的情绪洪水时，他们无所畏惧，既不压抑孩子的情绪，也不会一走了之，更不会让孩子肆意主导全家人的幸福。这些父母会以特定方式干预孩子的强烈情绪，他们通常持有以下4种态度，这也是一种元情绪哲学：

1. 不对情绪进行价值判断。
2. 承认情绪的反射性质。
3. 适当发泄情绪。
4. 危机是教育子女的绝佳契机。

不对情绪进行价值判断

许多父母用报喜不报忧的态度来对待情绪：他们不允许孩子表达恐惧或愤怒这样的负面情绪，而是鼓励他们表达高兴或安静这样的正面情绪。但对于培养出道格这样孩子的父母来说，情绪没有好坏之分，一个人要么有情绪，要么没有情绪。这些父母很清楚，情绪不会让人变得软弱或是强大，情绪只会让人更加血肉丰满。所以，他们不会对孩子的情绪进行限制，而是允许他们表达出各种真实的感受。

承认情绪的反射性质

一些父母对孩子的激烈情绪视而不见，并希望孩子能够自己找到平复情绪的办法。然而否认情绪的存在往往会适得其反（否定自己情绪的人往往会做出错误的选择，并因此陷入困境）。

培养出幸福孩子的父母很清楚，人类没有办法像变魔术一样让情绪感受立刻消失，情绪反应就和眨眼动作一样是一种本能反应，它们不会服从于个人意志，更不会轻易消失。

压制或忽视情绪在现实生活中会起到什么作用呢？比如你有一个 3 岁大的儿子，他最心爱的金鱼突然死掉了。孩子十分难过，整日在屋里哭泣，还不停地说："我要我的小鱼！把它带回来！"你对他置之不理，但他哭个没完，你该怎么办呢？

一种回答是："孩子，很遗憾你的金鱼死了，但这没有什么大不了的，那只是一条小鱼。死亡是生命的一部分，你必须了解这一点。把眼泪擦干，出去玩一会儿吧。"另一种回答是："宝贝，别哭了，那条金鱼在你出生的时候就已经很老了。我们明天去商店再给你买一条来。开心一点，出去玩吧。"

这两种回答都忽略了孩子当下的感受：前一种否定了孩子的悲伤，后一种则试图让孩子变得麻木。没有一种回答直面孩子的强烈情绪，所以孩子不知道应该如何处置聚集在心中的悲伤。孩子会这么想："如果这一切不重要的话，我为什么还会这么难过呢？一定是我出了什么问题！"

适当发泄情绪

深谙育儿之道的父母不会因为认识到情绪是不可避免的，就放纵孩子的行为。一个小女孩可能会因为感觉受到威胁而扇弟弟耳光，有情绪是可以的，但打人肯定不对。优秀的父母知道，即便情绪是反射性的，但孩子仍然可以选择表达情绪的方式。他们不会规定哪些情绪是可以表达的，哪些是不可以表达的；而是会规定哪些行为是允许的，哪些是不允许的。同时，规则一旦制定，他们就会坚决执行，让孩子明白什么做法是妥当的。这些父母虽然不会骂孩子，但他们在执行规则时却毫不含糊。

一些父母不给孩子定规矩，他们允许孩子用任何方式表达自己的情绪，就算孩子把天捅个窟窿他们也不管。这类父母觉得自己对子女的负面情绪无能为力，当洪水来临时，他们能做的就是赶紧爬上岸逃命，并听任洪水到处肆虐。持有这种态度的父母实际上是在逃避抚养子女的责任。统计数据显示，这类父母培养出来的孩子最让人头疼。

很多人都觉得发泄情绪会让情况好转（比如，发脾气能够平复心中的愤怒）。人们常说“发泄出来总比憋着好”，但半个世纪的研究却显示，发泄通常只会增强攻击性；**只有在你想出解决方案的时候，发泄情绪才是有用的。**正如作家 C. S. 刘易斯（C. S. Lewis）在《纳尼亚传奇》（*The Chronicles of Narnia*）的《银椅》（*The Silver Chair*）中所说的那样：“哭泣本身没有错，但你早晚要停止哭泣，并决定下一步该怎么办。”

危机是教育子女的绝佳契机

培养出幸福孩子的父母总是不遗余力地在孩子的强烈情绪体验中搜寻难得的教育机会，他们有一种直觉：只有在面对危机的时候，人们才能持久地改变行为。所以，他们很欢迎这种时刻的到来。

政治家不会浪费任何一次重大危机，优秀的父母也常常抱有这种态度。一些人看来，孩子面对的问题大都微不足道，不值得花力气好好对付。但优秀的父母不会因为这些问题看似很小就放过它们，他们经常用“潜在的教训”来替换“潜在的灾难”，并充分利用灾难带来的各种机遇。

这类做法会带来两大长期收益。首先，在孩子又哭又闹的时候，父母不会手足无措，而是坦然面对。孩子会把父母的反应记在心里，当他们自己有朝一日成为父母，并且碰到孩子发脾气的时候，也能轻松应对。其次，情绪灾难会得到及时控制，而不是迅速蔓延。时机非常重要，如果房屋着火了，那么减少损失的最好方法就是尽快扑灭大火。如果你直面问题，而不是忽略问题，那么就会防止后果恶化。至于如何扑灭大火，请大家仔细阅读下一个要点。

无尽的共情

让我们来假设这样一个场景。一天，你带着 2 岁大的女儿去邮局。排在柜台前的队伍很长，女儿对你说：“我要一杯水。”你平静地回答：“亲爱的，这里没有水喝，饮水机坏了。”女儿高声叫道：“我要喝水！”她把嗓子都喊破了。山雨欲来风满楼，你觉着情况不妙，血压顿时升高。“我们必须回家后才能喝水，这里没有水喝。”你说。孩子反驳道：“我现在就要喝水！”你和女儿变得越来越激动，场面随时都有可能失控。该怎么办呢？你有 3 个选择：

- 忽视女儿的感受并坚决地说道：“我已经说过了，回家再喝。这里没水。闭嘴吧！”
- 对可能发生的大爆炸感到忧虑，批评女儿并低声说：“请你安静点儿好不好？不要让我在那么多人面前难堪！”
- 不知所措，耸耸肩，无奈地笑一笑，让女儿自由发挥。于是她像活火山一样猛烈喷发，令你颜面扫地。

海姆·吉诺特（Haim Ginott）在 20 世纪 60 年代的儿童心理学家中影响力最大，他不会赞同上述任何一种反应模式。吉诺特为父母提出了一系列建议，之后约翰·戈特曼和其他科学家用多年研究证实了他的先见之明。他认为父母必须承认孩子的感受，并给予充分理解。本例中父母应该这样回答："你很渴，是不是啊？喝一大口凉水肯定很爽。我真希望这里的饮水机没有坏掉，这样妈妈就能把你抱起来让你喝个够了。"

听起来是不是很奇怪啊？不少父母会认为这样的处理方法只会火上浇油，但研究结果却清楚地显示，能够迅速解除强烈情绪的，唯有共情反射以及相关的教育方法，而且此类行为能够逐步降低孩子情绪发作的频率。我们可以看到，在使用这一方法的时候，父母直面问题，没有逃避，而且还说出了孩子的感受，确认了她的情绪，并表达了你的理解。这就是共情。华盛顿大学的林恩·卡茨将其称为"情绪的教育"，戈特曼也这么定义。该理念直接源于吉诺特对于培养幸福孩子的洞见。那么，在本章开头的故事里，在面对想要吃曲奇的儿子时，瑞秋应该怎么说呢？很显然，她可以这样开头："你想吃曲奇，对不对啊，亲爱的？"

强大的共情力

共情之所以能够奏效，有几个生理层面的理由。

情绪具有传染性

周围人的情绪也会感染你。无论他们感觉恐惧、愤怒，还是想要实施暴力，这会导致你也有相同的感受和想法，就好像被病毒感染了一样。一些科学家对群体如何影响个人行为这一课题很感兴趣，他们发现了情绪的传染性。这一现象适用于各种情绪，其中也包括幽默，例如，情景喜剧往往会适时播放罐装笑声，就是为了使观众也感受到剧中人物的幽默。

共情能让人平静下来

科学家发现了一个奇特的现象：如果医生的心率、皮肤表面温度与他治疗的患者同步，那么这名患者也会康复得更快，更彻底。这种体征相似的现象被称为生理同步。有幸接受这类医生治疗的患者总能更快地从感冒中恢复过来，而且术后恢复的速度也更快，并发症也相对较少。这说明共情能够真真切切地为患者减少痛苦和医疗支出。

这一发现直接引出了另一个重要结论，那就是共情能让人平静下来。当大脑感知到共情的时候，迷走神经就会让身体放松；但迷走神经受到的刺激过多时，你会感到疼痛和恶心。

三分共情，十分幸福

如果你觉得很难持久地与他人共情，这很正常。在生下孩子之前，生活都是围绕你展开的；但在孩子降生后，你的生活就全部围绕孩子展开了，这是社会契约中最艰难的一部分。但共情赋予你的角色转变能力，会对孩子的大脑发育产生深远影响。

即便孩子出生时就具有共情的潜能，他们也必须经常实践共情才能将这种潜能充分发挥出来。“共情力来自你感受到的，他人给予你的共情。”华盛顿大学医学院的精神病学和儿科临床医学教授。斯坦利 · 格林斯潘（Stanley Greenspan）在其撰写的《了不起的孩子》（*Great Kids*）一书中如是说。如果你想培养出具有共情力的孩子，那么就应该经常和亲友、同事一起练习，和打网球一样，和高手经常过招能让你的技艺突飞猛进。你的孩子感知到的共情体验越多，他们就越善于交际，将来就会越幸福，以后也会培养出具有共情力的下一代。在经济发展趋势变幻莫测的时代，有这样的儿孙围绕在身边该是多么幸福啊！

幸运的是，为了培养孩子的情绪调控能力，你不需要每天 24 小时都捣鼓上述 6 种重要作料。戈特曼认为，只要父母和孩子之间的交流有 30% 做到共情，孩子未来就会变得幸福。这是否意味着你在剩余 70% 的时间里可以偷懒呢？也许可以吧。统计数据显示，关注孩子的情感是极为重要的。许多父母培养出了像道格这样的好孩子，你为什么不能呢？

温馨回顾

- 婴儿需要父母持续的关注和响应。
- 父母处理孩子情绪的方式，会对孩子将来的幸福产生深远影响。
- 如果父母既富有爱心又严格要求，那么孩子长大后会很幸福。
- 父母应该承认孩子的情绪感受，并鼓励他们把情绪表达出来，而不是对其进行价值判断。

第四部分

Brain Rules for Baby

塑造有道德的孩子：规则、纪律、奖惩缺一不可

Brain
Rules for Baby

第7章 培养有道德的孩子

大脑规则

孩子生来就具有道德感。

纪律 + 热心 = 有道德的孩子。

对就是对，错就是错。

丹尼尔出生在一个富裕的家庭，在孩子中排行老大，但他让父母感到非常头疼，因为丹尼尔是个淘气鬼。一次，母亲带着他和妹妹开车去豪华的度假小屋过周末。当汽车在高速公路上飞奔时，5 岁的丹尼尔突然解开安全带，一把抓起妈妈的手机开始玩游戏。“请把手机放下。”妈妈说。但丹尼尔就像没听到一样，继续摆弄手机。“把手机给我放下。”“就不放。”“好吧，你可以用它给爸爸打电话。不过先把安全带系好。”丹尼尔还是装着没听见，继续玩游戏。

几小时后，他们来到一座加油站加油。丹尼尔悄悄地爬出车窗，接着爬到了车顶上。他的母亲吓坏了，对他大声叫道：“别爬了！”丹尼尔却答道：“别叫了！”他顺着挡风玻璃滑到了前盖上。母亲把他揪回车里，然后继续开车上路。这时丹尼尔又抄起手机，把它狠狠摔在地上，可怜的手机就这样四分五裂了。这个小拿破仑长大后变得越发不听话了，他根本就不把父母的管教放在眼里，学校规定对他也没有约束力。丹尼尔丝毫不考虑别人的感受，一味我行我素。在学校里，他会对那些看不顺眼的孩子拳打脚踢，还偷同学的东西，校方拿他一点儿办法也没有。这回丹尼尔竟然用铅笔戳穿了一个女孩的脸颊，他被开除了。在我撰写本书的时候，丹尼尔的父母和学校正深陷官司之中。

丹尼尔的确是个不懂规矩的孩子。虽然我们也见过过于严厉的父母，但实际上，越来越多的父母对行为失控的孩子感到束手无策，任何有责任的父母都不会希望自己的孩子变成丹尼尔那样。我们将在这一章探讨如何避免这一情况的发生。大多数孩子都能被塑造成有道德的人，而且道德观的培养其实具有一定的神经生理基础。

孩子生来就有道德感吗

道德究竟是什么呢？道德是与生俱来的，还是后天培养的？这些问题让哲学家们忙活了好几个世纪。无论是在希腊语中，还是在拉丁语中，“道德”一词都具有浓厚的社会色彩。这个词语原来指的是一系列行为规范，包括什么该做，什么不该做的传统和风俗习惯。所以，我们这样定义“道德”：文化群体所共有的，用于指导社会行为的准则。

人们为何需要这些行为规范呢？这个问题的答案与社会合作所需的进化条件有关。一些研究人员相信，道德感（其实是一系列具体的社会行为准则）就是为了帮助人类开展合作而进化出来的。毕竟，人类这一种族在刚起步的时候规模非常小，大概不到 18 500 人（一些学者认为少于 2 000 人）。对这样一个数量不大的种群来说，频繁的杀戮没有什么好处。所以，从进化的视角来看，人脑中预先设定了某些有限的道德感。后天的教养会在这一基础上进一步培养，或部分改变我们的道德观。认知科学家史蒂芬·平克（Steven Pinker）[①]说：“人类生来就具有共同的道德语法，这迫使我们以某种特定的方式来判断人类行为是否道德。”

① 史蒂芬·平克是当代思想家、世界知名语言学家和认知心理学家，也是 2010 年到 2020 年世界第二大有影响力的心理学家（根据美国学术影响力网站的统计）。著有多部畅销科普巨作，如“语言与人性四部曲”（《语言本能》《思想本质》《心智探奇》《白板》）。上述系列的中文简体字版均已由湛庐出品、浙江科学技术出版社出版。——编者注。

道德感的组成部分包括是非观，对一些暴行（例如强奸和谋杀）的排斥，以及共情。而耶鲁大学的心理学家保罗·布卢姆（Paul Bloom）[①]则认为道德感涉及正义感、对于体贴和利他的情绪反应以及判断他人行为的意愿。心理学家乔纳森·海特认为，道德感与伤害、忠诚、对于权威的尊重和精神纯洁有关。

如果道德感真的是与生俱来的话，那么我们应该能够在人类的一些近亲身上看到它的影子。大家无须四处寻觅，只需到英格兰的一家动物园里走走就能找到活生生的证据。这家动物园里住着一只名叫库尼的雌性黑猩猩，它的笼舍三面环水，剩下的一边是玻璃幕墙。一天，一只八哥不小心撞在了玻璃墙上，掉进了库尼的笼舍，库尼随即把它抓在手上。这只小鸟显然被撞晕了，不过身体并没有受到什么损伤，饲养员着急地命令黑猩猩放开它。

但接下来发生的一切震惊了在场的所有人。库尼把小鸟放在自己的脚上，然后用脚把小鸟抛了出去，但小鸟没有飞起来。库尼思索了一会儿，然后想出另一个办法。它一手握住小鸟，挑了一棵最高大的树，然后用另一只手爬到了树顶，就像手握美女爬到帝国大厦顶上的金刚一样。接着，库尼用脚缠住树干，腾出双手，小心翼翼地将小鸟的翅膀慢慢展开，然后朝着笼舍旁小河对岸的方向用力将小鸟抛出。可惜小鸟没有飞过河，而是掉在了河岸上。这时一群好奇的年轻猩猩立刻围了过来。库尼马上从树上爬下来，守在小鸟的身边寸步不离，直到小鸟自己展开翅膀，腾空而去才走开。

这一举动非同寻常。虽然没人知道黑猩猩库尼心里到底是怎么想的，但我们能够从它的行为中判断出它也是有感情的，或许还有帮助其他个体的爱

---

① 保罗·布卢姆是知名认知心理学家、发展心理学家、多伦多大学心理学教授、美国哲学与心理学协会前主席。在耶鲁大学任教期间，其“心理学导论”课程是该校受欢迎的公开课之一，全球有数百万学习者。其作品广泛见于《自然》《科学》《纽约时报》《美国科学家》《纽约客》《大西洋月刊》等报刊。已出版畅销书《欲望的新科学》《苦难的意义》等著作，上述两部作品的中文简体字版均已由湛庐出品、中国纺织出版社出版。——编者注。

心。相似的例子我们还能找到许多。与黑猩猩相比，人类的爱心更多，情感更复杂。

如果道德感是人类所共有的，那么不同的文化应该具有相似的道德判断标准。哈佛大学的研究人员设计了一项道德感测试，来自 120 多个国家的几十万人参加了这一测试。相关的数据似乎证实了上述观点。

还有一些证据能够说明道德感是与生俱来的，例如一些脑损伤能够影响人们特定的道德判断力。我们将用几页的篇幅来探讨这一话题。

将道德原则内化

如果孩子天生就具有是非感，那么他们（特别是进入青春期的孩子）为什么就不能自觉地做正确的事情呢？

实际上，我们很难解释自主的道德行为，比如自愿帮助他人过马路，即便是用潜藏的互惠互利也很难把这类现象彻底解释清楚。连接道德推理和道德行为之间的道路异常坎坷，“良心”这个概念多少就是为了解决这个难题而产生的。良心能让你在做好事的时候感觉良好，而在做坏事的时候感到内疚。已故的哈佛大学心理学家劳伦斯·科尔伯格（Lawrence Kohlberg）相信，有良心是所有道德推理的最高境界。但并非所有科学家都认为良心是与生俱来的，其中一些人认为良心是社会契约，对他们来说，道德原则的内化才是衡量一个人道德意识最重要的标准。

如果一个孩子做了坏事也没人会发现，更没有人会惩罚他，但他还是能够抵御违反道德规范的诱惑，那么他就将道德内化了。这样的孩子不仅知道什么是对的，什么是错的（这种道德意识可能被预先植入了他们的大脑），而且他们还赞同并愿意遵守这些原则。我们有时也称其为抑制控制。这种能力听起来有些像发育完全的执行功能，它们或许是同一种能力。

无论怎样，如果孩子愿意做出正确的伦理选择，即便在没有威胁和奖励的情况下，他们也不愿意做不道德的事情，那么父母的伦理教育就成功了。也就是说，**父母的努力方向是让孩子关注并遵从天生的道德感和是非观。**

这一过程需要很长时间，很长很长时间。

撒谎的孩子

我们之所以得出上述结论是因为孩子渐渐长大后会开始撒谎。一位心理学教授曾经和我谈起孩子第一次撒谎是什么样子，他用喜剧明星比尔·科斯比（Bill Cosby）惯常使用的语气生动地讲述了这么一个故事：

> 比尔和拉塞尔半夜里不睡觉，而是在床上乱跳，他们一点儿也没把父母定下的规矩放在眼里，结果床架被他们跳坏了。被吵醒的父亲无比愤怒，他冲进孩子的房间，指着破损的家具叫道："这是你们干的吗？"年纪稍大的男孩结结巴巴地说："爸爸，不是！不是我干的！"他顿了顿，没过多久，他眼睛一亮继续说道："不过我知道是谁干的。一个十几岁的小孩从窗口跳了进来，他不停地在我们床上跳，直到把床架跳坏，然后他就爬出窗外逃跑了！"父亲皱起了眉头。"胡扯，这个房间没有窗户。"男孩一点儿也不紧张，他平静地说："那是因为他把窗户一起带走了！"

是的，孩子不善于撒谎，至少一开始是这样。在孩子大脑中的奇幻世界里，现实和幻想起初是难以分辨的，所以他们很喜欢玩过家家游戏，甚至觉得父母是无所不知的。直到他们进入青春期，这一信念才会被彻底摧毁。不过在孩子长到 36 个月大的时候，引爆这颗炸弹的导火索就已经被点燃了。这时候孩子开始意识到，父母并不总能明白他们是怎么想的；自己可以将虚假信息告诉父母，而父母未必会察觉。有的孩子对此感到高兴，自认为可以愚弄父母，就像上面这个故事所显示的那样。有的则感到害怕。这种意识是伴随着孩子大脑中心理推测能力的成熟而产生的。

心理推测能力的发展

什么是心理推测能力呢？让我们用文学史上的一个有趣故事来进行解释吧。曾经有人向海明威发起挑战，让他用 6 个词写一部完整的小说，而海明威给出的答案很好地说明了什么是心理推测能力。因为在你阅读这部超级迷你小说的时候，大脑会被激活。这部小说是这样写的：

待售：没用过的童鞋。（For sale: Baby shoes. Never used.）

上面这几个字有没有让你觉得难过？你是否在想写下这则信息的人到底发生了什么？你能否据此推断出此人的心理状态？

大多数人会觉得难过，这是使用心理推测能力技能的结果。心理推测能力的基础在于明白他人的行为是由一系列心理状态，如信念、动机、欲望、感知和情绪所引发的。心理推测能力这一概念最早是由灵长类动物学家戴维·普利麦克（David Premack）创造的，它具有两大组成部分：一是洞察他人心理状态的能力；二是一种认知能力，即虽然感知到的他人心理状态与自己的不同，但对被观测对象来说，它依然是有效的。这样，你就构建了一套用来描述他人心理过程的理论，即使他人的心理状态有别于你。

“待售：没用过的童鞋”这几个字可能是一对悲伤父母写下的，他们的孩子刚生下来就夭折了。你会为他们的不幸而感到无比伤心，你或许从未体会过丧失子女的痛苦，甚至连孩子都没有生过，但通过使用心理推测能力技能，你能够体会到这对父母的感受，并理解他们。正是因为这一过程，这部世界上最短的小说才如此动情。海明威认为这是他所创作的最杰出的一部作品。

虽然心理推测能力是人类行为的里程碑，但我们认为在孩子出生的时候，这种能力尚未发育完全。当然，我们很难对婴儿进行相关测试，不过这一技能似乎随着孩子年龄的不断增长而日臻完善，孩子的撒谎方式就能体现出这一变化进程。如果一个人想要说谎，那么他就必须具备相应的心理推测能力，因为他需要看透别人的心思，并事先预测出对方在得知某一消息时的反应。这项本领会随着时间的流逝慢慢提高。

孩子长到 3 岁以后就开始喜欢撒谎，虽然他们还不精于此道。之后他们说谎的频率会迅速上升。**4 岁的孩子每 120 分钟撒一次谎，而 6 岁的孩子每 90 分钟撒就一次谎。**随着孩子词汇量的增加和社会经验的丰富，他们变得更会说谎，而且谎言也更加严密，难以揭穿。

这一变化过程让研究者意识到，孩子的道德推理也会随着年龄的变化而变化。孩子或许生来具有某种道德感，但要让这种道德感变得成熟还需要很长时间。

道德推理的发展

哈佛大学心理学家科尔伯格相信，道德推理的发展取决于一般认知能力的成熟。从这个角度来看，道德推理的发展也需要很长时间。但是如果决策在很大程度上受到情绪的影响，那么道德推理的发展同样取决于情绪的成熟。虽然有人批评科尔伯格的理论，但这套理论的影响力依然十分广泛。科尔伯格的导师是提出认知发展阶段理论的皮亚杰，看来师徒二人达成了不少共识。这两个人的理论被广泛应用于学校、少教所，甚至还有监狱。科尔伯格认为道德推理的发展会经历下面这几个阶段：

1. 规避惩罚。道德推理的初级阶段非常原始，其关注的焦点是如何规避惩罚。科尔伯格将这一阶段称为前常规道德推理。
2. 考虑后果。随着心智的不断发展，孩子开始考虑自己行为的社会后果，并根据后果来修正行为。科尔伯格将这称为常规道德推理。
3. 遵从原则。最终，孩子会根据久经考验的客观道德原则来进行选择，而不仅仅是为了规避惩罚或赢得同辈的接受。科尔伯格将这称为后常规道德推理。我们可以认为每个父母都会将此作为道德教育的终极目标。

孩子未必能够依靠自己的力量达到道德推理的第三阶段，除了时间和经历以外，他们还需要父母的指导，这样他们才能遵从天生的道德感行事。这一发展过程之所以非常艰难，部分是因为孩子一旦观察到不良行为就会将其记在心里，即便这些行为将引来惩罚，但它们依然会留在孩子的大脑中。心理学家艾伯特·班杜拉（Albert Bandura）用一个不倒翁向我们展示了这一现象。

不倒翁的教训

20 世纪 60 年代，班杜拉给一群学龄前儿童看了一段有关不倒翁的影片。在这段影片里，一个名叫苏珊的成年人先是对不倒翁拳打脚踢，然后不断用锤子击打这个玩偶，画面充满了暴力。看完影片后，孩子们被带入一个放满玩具的房间，其中就有一个不倒翁和一把玩具锤。孩子们会如何表现呢？这取决于很多因素。

如果在电影中，苏珊因为击打行为偶尔得到了表扬，孩子们就会奋力击打玩偶；如果在电影中，苏珊受到了惩罚，那么他们击打玩偶的频率则不会那么高。但是，如果班杜拉走进房间说："你们要是跟苏珊学，我就奖励你们。"那么，孩子们会立刻捡起玩具锤击打不倒翁。无论电影中的暴力行为受到了奖励还是惩罚，孩子们都能学会看到的行为。

班杜拉将这一过程称为"观察学习"，他向我们展示，孩子（包括成年人）可以通过观察他人学会很多行为。当然，这一过程也可以是积极的。在墨西哥的一部肥皂剧中，主人公很爱读书，而且请求观众参加读书学习班，该国各地人口的识字率随之升高。班杜拉的发现是进行大众宣传的得力工具。

观察学习在道德推理的发展过程中扮演着重要角色，它是构建是非观的重要技能之一。让我们仔细聊一聊这个话题。

一个人还是五个人

让我们想象这样两个场景：

1. 你驾驶着一辆刹车失灵的有轨电车，而电车正在以飞快的速度向前行驶。眼前就是一个岔道，你将面临两难的生死抉择：如果你什么也不做，电车会驶向左侧的轨道，并撞死正在维修轨道的五个工人；如果你让电车驶上右侧的轨道，只有一个人会被撞死。你将做何种选择？
2. 你站在一座天桥上，一辆有轨电车将从桥下驶过。就在这个时候，电车失控了，并快速向前驶去。这次没有岔道，只有那五个即将殒命的修路工人。你并不是无计可施，因为一个体形硕大的男子就站在你身前，如果你将他推下天桥，他的身体会卡住车轮，让电车停下来。虽然这个人肯定会丧命，但那五个工人的性命就保住了。你会怎么做呢？

在上述两个场景中，你都要考虑是否应该用一个人的生命换取五个人的生命。绝大多数人发现第一个场景中的选择并不难做。五个人的生命当然要比一个人的生命更重要，人们会选择让电车驶上右侧的轨道。但第二个场景涉及的伦理选择有些不同：你要决定是否杀害一个人来换取五个人的生命。绝大多数人会选择不剥夺那个人的生命。

但大脑受伤的人不会这么选择。在你眼睛的上方和额头的后面有一个叫作腹内侧前额叶皮质的区域。如果这个区域受到了损伤，那么道德判断就会受到影响。对该区域受损的人来说，杀人与他们面临的选择没有什么特别的关系。他们认定五个人的生命比一个人的生命更重要，所以会毫不犹豫地将那个男子推下桥以拯救更多人的生命。

这意味着什么呢？如果道德感是大脑结构与生俱来的一种属性，那么相关脑区域的损伤就会改变我们进行伦理决策的能力。一些研究者认为上述结果可以证实这一结论。不过，有些研究者却认为这个有关有轨电车的实验什么都证明不了，他们认为假设情景中的决策和现实生活中的真实抉择是两回事。有没有办法解决这一争议呢？我们或许可以听一听 200 多年前的两位哲学家会怎么说。

情绪与理性

大哲学家休谟认为激情是伦理决策的动力；而睿智的康德则认为冷静的理性才是，或至少应该是伦理决策的驱动力。现代神经科学站在了休谟一边。

一些研究者相信人们具有两套道德推理系统，之所以会碰到伦理冲突是因为这两套系统常常得出不一致的答案。第一套系统，也就是大脑中的康德派负责进行理性伦理决策，它会让我们看重拯救生命数量的多少。而第二套系统更加人性化，甚至是情绪化，它更像是大脑中的休谟派，是康德派的死对头。这些神经元把那个不幸的人跌落天桥的惨状活生生地投射在你的脑海中，让你体验到他的家人感受到的痛苦，而且你会觉得必须为这个人的死负责。这些想法会让大多数人否定纯理性的康德派选择。腹内侧前额叶皮质将参与调解这场哲学争论，如果该区域受损，那么康德派就会占据绝对优势。

情绪与决策制定

对于想要培养出有道德的孩子的父母来说，这意味着什么呢？正如我们在前一章看到的那样，**情绪是孩子幸福的基石，也是伦理决策的基础。**神经科学家安东尼奥·达马西奥（Antonio Damasio）[①]向世人展示了一个惊天发现，这个发现涉及一个名叫伊里亚德的男子。

无论是在工作中，还是在生活中，伊里亚德都堪称模范。在他工作的大型企业里，伊里亚德是一名能干的经理；在家庭中，他是一个好丈夫；在教会里，他又是一个值得尊敬的长者。但自从他接受脑外科手术后，一切就全变了。医生将靠近他额叶的一个肿瘤切除了，伊里亚德的智力和感知能力没有受到影响，但他身上出现了 3 种不寻常的情况。

首先，他变得犹豫不决。即便是生活中那些最不起眼的小决定，他都会磨磨蹭蹭，瞻前顾后。一个常人只需花几秒钟就能搞定的决定，伊里亚德花几小时都无从抉择。他不知道应该看哪个频道，应该挑选哪种颜色的笔，他也决定不了自己应该穿什么，早上应该去哪里。无论什么事情，他都会没完没了地进行分析，就好像面对着一桌子美食，却不知道该把什么菜夹进碗里一样。他的

① 安东尼奥·达马西奥是当代神经科学大师，美国南加州大学神经科学、心理学和哲学教授，欧洲科学与艺术学院院士。他对情绪、感受和意识的神经过程研究做出了开创性贡献，被美国科学信息研究所评为“最高被引学者”之一。其著作《笛卡尔的错误》对神经科学、心理学、哲学、经济学等学科产生了重大影响，并因揭示情感在决策中的关键作用引起人们的热烈反响。该书中文简体字版已由湛庐出品、北京联合出版公司出版。——编者注

生活就这样淹没在无尽的选择之中。这样的生活怎么过得下去呢？他失去了工作，最终也失去了家庭。他自己开办了一些企业，但最终悉数倒闭。税务局又对他展开了调查，伊里亚德破产了，他不得不和父母住在一起度日。

达马西奥于 1982 年开始对伊里亚德进行研究。在对伊里亚德的全套行为进行了测试后，达马西奥发现了他的第二个特点：伊里亚德无法对任何事物产生情感。实际上，他好像什么情绪都没有了：无论你给他看黄色、血腥的照片，还是把一个可爱的婴儿放在他面前，伊里亚德不会有丝毫情绪反应。各种用来监测情绪波动的仪器都显示一条直线，就好像这些仪器的电极被接到了假人身上一样。

这些情况让伊里亚德具有了第三个特点，那就是他无法进行道德判断。虽然犹豫不决让他失去了事业、家庭和社会地位，但他对此好像漠不关心。抽象测试显示他知道什么是对，什么是错，但他的行为和感受却好像和认知完全脱节。他记得自己以前有过这些感受，但现在的他却变得麻木不仁，伊里亚德的知与行显然完全脱节了。

这是一项不可思议的发现。伊里亚德不再能够将情绪反应整合到现实的判断之中，因此他完全丧失了决策能力，他的整个决策系统都崩溃了，其中也包括道德判断机制。

其他研究也证实了这样一个结论：丧失情绪等同于丧失了决策能力。我们现在已经知道，对 2 岁以下的孩子来说，如果其腹内侧前额叶皮质和前额皮质受到了损伤，那么他们也会表现出和伊里亚德相似的特征。

理智与情感

如果你能在人脑忙着进行伦理决策的时候监视其活动情况，就会发现不少脑区域都很忙碌，其中包括眶额叶外侧皮质、右侧背外侧前额叶皮质、腹侧纹状体、腹内侧下丘脑和杏仁核。正如我们在前一章所看到的那样，情绪和逻辑在大脑中自由结合，打成一片。

我们怎么才能知道哪些脑结构属于康德派（理性），哪些属于休谟派（情绪）呢？相关研究尚在初级阶段，不过，我们已经知道这些区域遵从一定的分工原则：脑部表层区域主要负责评估事实，而深层区域则负责处理情绪，腹内侧前额皮质负责将这两大区域连接起来。虽然下面这个比喻过于简单，但我们可以把腹内侧前额皮质想象成连接旧金山（情绪）和玛林县（事实）的金门大桥。一些科学家为我们描述了两地之间的“交通状况”：

1. 情绪反应发生。如果孩子碰到了道德上的两难选择，那么旧金山首先会被激活。孩子大脑深处最潜意识的区域会产生情绪反应，也就是用来标注事物的便利贴。
2. 相关信号通过大桥传向对岸。神经信号会通过腹内侧前额皮质，也就是连接大脑表层和内部区域的金门大桥进行传输。
3. 评估事实的中枢分析信息，并决定如何行动。神经信号会到达大脑中的玛林县。孩子的大脑阅读记录信息的便利贴之后，决定如何行动。它会判断孰是孰非，孰轻孰重，并最终选定行动方向。接下来便是执行决定。

所有这一切在千分之几秒内完成。这要求情绪和理性中枢密切配合，以至于我们根本就无从判断哪些区域占据主导地位。它们整合得非常完美，我们完全可以说，如果缺少了非理性，人类也就无法变得理性。正如乔纳·莱勒（Jonah Lehrer）在《我们如何决策》（*How We Decide*）一书中所说的那样，“无法处理情绪的大脑也就无法进行决策”。

上述生理过程告诉我们：**情绪调控能力对于培养孩子的道德感和执行力是非**

常重要的。理性和情感的完美结合能让孩子和内心与生俱来的良知一直保持亲密接触。

培养有道德的孩子：规矩和纪律

我们面临的问题已经变成了这样：如果孩子天生就具有一些构建道德感的原材料，那么父母应该如何帮助他们利用这些原材料建成道德的高楼大厦？要怎么做才能让孩子达到将道德原则内化的理想阶段？

培养出有道德的孩子的家庭往往用特定的方式训导孩子，虽然这些方式不能保证你获得成功，但它们与现今科学研究得出的结论非常接近。这些教育方式有许多组成部分，我想借用自家厨房里的三脚凳来进行形象的说明：我家厨房冰箱旁边总是放着一把凳子，这样孩子就可以方便地拿取放在架子上的东西。如果说道德意识是良心，是这把凳子的圆顶，那么支撑起这把凳子的三条腿就是培养孩子道德感的三大方法，它们分别是：

- 制定清晰的规则和奖励措施。
- 及时惩罚。
- 解释规则。

我会借用电视节目中的场景来详细说明每个方法。

制定清晰的规则和奖励措施

两个小男孩坐在餐桌前吃饭，只见哥哥用拳头击打着弟弟，并叫道："我要你的冰激凌，现在就要！"父母见状一脸惊恐。一位体形丰满，举止优雅的陌生女人也坐在餐桌边，她镇定地记着笔记，好似一个产品检测员。"你们会怎么做呢？”她平静地用英国口音向孩子的父母发问。那个不听话的男孩又给了兄弟一拳。“如果你再这么做的话，我就不让你吃甜点。”母亲严肃地说。但男孩并没有收手，而是继续捣蛋。母亲低头看着自己的盘子，而父亲则把头转过去，愤怒地看着别处。这对父母显然不知道应该如何处置类似的情况。

欢迎来到电视保姆节目的录制现场。你很可能已经看过类似的真人秀，这些节目的套路都差不多：一些家庭搞不定自己的孩子，于是节目组就跟拍他们的日常生活，同时还有一位专业保姆相伴左右。这些保姆往往一口英国腔，让人觉得她们非常权威，好像是公正的法官一样。这些保姆有一个星期的时间来教会当事父母如何富有爱心地训导孩子，并且把不听话的小恶魔变成可爱的小天使。下面就让我们看几场好戏：

艾登就是不睡觉，还高声尖叫。他很清楚，就算是父母说了“快给我睡觉去，马上关灯了”，他也可以置若罔闻。因为父母从来不真的关灯，他们说的话一点儿也没分量。一旁的保姆不住地摇头。艾登每天都要这样折腾到很晚才肯睡觉。

一个名叫麦克的小男孩在上楼梯的时候不小心跌倒了，他怀里的书撒了一地。麦克不敢放声大哭，而是躲躲闪闪，生怕被坏脾气的父亲发现。但他还是没有逃过这一劫，父亲冲着他大吼大叫。保姆立即进行了干预：她迅速走到孩子身边，帮他把书捡起来，并用关切的口吻对孩子说：“麦克，你看起来很害怕，爸爸是不是把你吓坏了？”小麦克点了点头，然后飞速跑上楼梯。那天晚上，保姆像英国斗牛犬一样严厉地批评了孩子的父亲，并告诉他孩子内在的安全感是多么重要。

阿曼达努力自己铺床睡觉，她以前可没那么乖。但是，她的父母却没有注意到这一切，他们正忙着追逐阿曼达的双胞胎弟弟，逼着这对双胞胎刷牙。完事后，他们就一屁股坐在电视机前看起了电视。保姆帮阿曼达掖了掖被子，并对她说：“好孩子，你干得真不错！真了不起！”

电视保姆并不尽善尽美，但她们有时确实做到了点子上。在上面的场景里，她们遵从了制定的规则，并坚决执行。让我们看看专业保姆会怎么做，在此过程中，我们要注意 4 个要点。

规则必须清晰有理

对艾登来说，父母要么没有给他设定上床睡觉的时间，要么没有坚决执行这一规定，正是规则的模糊不清和父母的优柔寡断助长了他的坏习惯。忙碌的一天让他感到有些疲惫，但父母却没有为他指明行动方向，难怪他要高声尖叫。

保姆会怎么做呢？第二天，她搬来了一块纸板，上面写明了艾登必须遵守的规则和上床睡觉的时间。这块纸板被放置在全家都看得到的地方，这就是权威，上面的规则非常合理、清晰，而且所有人都能看见。

充满爱心的训导

麦克犯错后躲躲闪闪，这说明他曾经因为类似的原因被父亲严厉斥责过。畏畏缩缩的举动说明孩子缺乏安全感，因为他随时都有可能莫名其妙地受到惩罚，这会影响到他未来的成长。专业保姆拉响了警报，她想让麦克感到安全踏实，于是在现场向孩子表达了理解；随后又谴责了麦克的父亲，并告诫他应该使用更加缓和的方式来改变孩子的行为。幸运的是，麦克的父亲也意识到了这个问题。

大家已经知道，大脑最关心的就是安全。如果父母在训导孩子的时候不能让他们感到安全，那么他们的大脑只会产生一个想法，那就是逃避威胁，而不是矫正行为。但是，**如果父母在训导时能让孩子感到充满爱意的关切，那么道德的种子就更有可能在他们的幼小心灵里生根发芽。**

所以，你既要为孩子制定清晰的规则，也要坚决执行既定规则。接下来就让我们来看一看孩子遵守规则之后应该怎么办。

适时给予表扬

3 岁大的孩子越来越不喜欢活动，你希望他能够经常到户外走动，多玩玩秋千，但他不愿出门，总是喜欢窝在家里看电视，你该怎么办呢？

科学家（和优秀的父母）很早就发现，对良好行为进行强化能够提高这些行为发生的频率。孩子当然会对惩罚做出反应，同时也会对表扬做出积极反应，而且表扬的副作用较小，常常能够产生良好的效果。行为学家将这称为“正向强化”，你甚至可以用这个方法来鼓励孩子还不具有的行为。

你不必让孩子一步到位，可以循序渐进。在上述例子中，你可以首先鼓励孩子在靠近门的地方玩，之后在他开门的时候进行强化，再在他出门的时候进行表扬。就这样一步一步让孩子接近秋千，最终，他肯定会喜欢上秋千，你们可以一起尽情玩耍了。

这个过程叫作“行为塑造”。你需要练习这些技术，也不会花太长时间。著名行为学家 B. F. 斯金纳（B. F. Skinner）使用行为塑造技术，花了不到 20 分钟就让一只鸡学会了翻书。与鸡相比，人的行为更容易被塑造。

不良行为的缺失也需要表扬

还记得那个自己上床睡觉的小女孩阿曼达吗？她的父母没有对她不良行为的缺失进行表扬，保姆却这么做了。**对不良行为的缺失进行表扬和对良好行为的出现进行表扬是同等重要的。**

研究者测量了 4 种教育风格对培养孩子道德感的影响。如果富有爱心的父母给孩子制定清晰合理的规则，并在孩子表现良好的时候进行表扬，那么他们的孩子很可能会在 4 ～ 5 岁的时候就将道德准则植入内心，这就是权威型教养风格取得的非凡成就。这些举措未必能确保你取得成功，但如果没有它们的话，你将很难培养出优秀的孩子。

审视自己

你真的已经做了该做的事吗？还是自认为做了该做的事？一些父母之所以很难改变孩子的行为，是因为他们没有客观评估自己教育行为的效果，没有把握住最佳的教育机会。专业保姆会将自己的所见都拍下来，并帮助父母找到那些教育效果最好的关键时间点。研究者也使用了相同的技巧：荷兰莱顿大学（Leiden University）的玛丽安·巴克曼斯－克朗能伯格（Marian Bakermans-Kranenburg）就对 120 个家庭进行了跟踪拍摄。这些家庭孩子的年龄都在 1 ～ 3 岁之间，而且他们是这个星球上最不乖的一群小恶魔。这些小孩根本就不把父母的话放在心上，他们富有攻击性，极不合作，时常尖叫哭闹。玛丽安对录像进行了剪辑，并为父母们指出进行教育的最佳时机，还为他们制订了相应的教育计划。玛丽安教父母们辨识那些以前被他们忽视或错解的重要线索，并认清哪些举措是无效的。即便是这么一群难以管束的孩子，他们的不良行为发生率也随之下降了 16%。在该领域，这样的成果是非常了不起的，参加实验的大多数母亲又能够经常给孩子安静地讲故事了。在一次采访中，玛丽安说这些父母“又找回了他们连想都不敢想的宁静”。这个办法的确很有效。

及时惩罚

虽然很不情愿，但我还是要提一提泰德·邦迪（Ted Bundy）。这个连环杀手在华盛顿大学犯下了许多十恶不赦的罪行，当时我正在那里读本科。每当回想起那段可怕的岁月时我就禁不住担心：怎么才能让自己的孩子免受这些恶魔的伤害呢？又如何确保孩子长大后不会变成这样的人呢？

泰德·邦迪通常的杀人方式是用铁锹击打被害者的头部，致死后奸尸。他杀害了100多名女性，这些罪行令人发指。更糟的是，邦迪看起来非常正常：他聪明英俊，在法律界平步青云，甚至一度被认为是未来的政治家。邦迪做事很有手腕，让大家觉得他就是引领社会发展的精英。我还记得有这么一张照片：邦迪和女友面带微笑着打开香槟酒瓶。他看起来是一个很有爱心的年轻人，但就在拍摄这张照片的时候，他已经杀害了24个女性。

多年来，研究者一直在试图解释这些恶魔的犯罪动机，但没有找到合理的答案。我们能够想到的因素无非是恶劣的家庭环境和具有暴力倾向的父母，这些情况都适用于邦迪，但相同背景下的大多数人并没有变成连环杀手。一般的心理病态者虽然无法将其情感和行为联系起来，但他们并不暴力。事实上邦迪的情绪能力并不弱，他不仅能够假装做出亲社会的行为，而且还非常自恋。在他生命的最后一天，被推上电椅的时候，他十分恐惧，忍不住抽泣，好像要把多年积攒下来的眼泪一次哭干。直到今天，专家们依然无法为邦迪的道德沦丧给出令人信服的解释。

邦迪知道规则，但却不遵守规则。我们又怎么知道自己的孩子会不会守规矩呢？应该如何矫正孩子的不良行为，并将道德感植入他们心中呢？答案是进行训导。

以退为进：负向强化

训导的方式有两种，一种是负向强化，另一种是惩罚。这两种方法都是用来对付不良行为的，但负向强化主要用来矫正不良行为，惩罚则主要用来弱化不良行为。

你小时候可能有过这样的经历：在手指被火炉烫了一下后，你无意中发现用冷水冲洗可以立刻止痛。如果一种行为能够帮你减少痛苦，那么你就会重复这一行为。所以，你再次被火炉烫伤的时候（这是一种你想要规避的刺激）就很可能会冲到最近的水槽旁边，用冷水冲洗伤口。这就是负向强化，因为负向刺激的消除强化了你的反应模式。正向强化与此不同，它代表你之所以想要重复一种行为是因为它能给你带来好处，而不是消除恶果。虽然负向强化非常有效，但我们还是要小心使用。

我认识一个 2 岁大的女孩，她非常渴望母亲的关注，所以常常把玩具扔下楼梯，吵得全家不得安宁，但这个小女孩似乎乐在其中。没过多久，她的投掷对象范围就扩大了很多，母亲的书是她的最爱。这是让她母亲气急败坏的最后一根稻草，要知道这可是高学历人口聚集的西雅图。母亲一开始耐心跟她讲道理，但收效甚微，于是她开始对女孩大吼大叫，最后搬出了重型武器——对着孩子的屁股就打。但什么都没改变。

母亲的办法为何没有用呢？因为她的惩罚恰恰是女孩最想得到的东西，那就是母亲完全而彻底的关注。所以，改变女孩行为的最佳方法就是在她撒泼的时候对其不理不睬（当然，首先要做的是把最珍贵的书锁好），彻底消除这一不良行为和母亲关注之间的联系。随后，母亲应该在孩子听话守规矩的时候给予她高质量的关注。这位母亲试了试这个办法，她在女儿翻开书本念书时，而非乱扔书本时给予关注。果然，没过几天，小女孩就不再扔书了。

有时候我们也需要进行直接干预，这时就要拿出惩罚这一手段。学者认为惩罚有两种形式。

让孩子自食其果

第一种惩罚是允许孩子犯错，并让他们自食恶果。这种办法见效很快。你的手指一碰到火炉就会被烫到，所以你下次再也不敢随便触碰火炉了，这种反射性学习非常有效。研究显示，当孩子有犯错自由，并且能够亲身体验其后果的时候，他们学得最快。让我们看一个有趣的故事：

> 一天，我的儿子在手机店里耍无赖，还脱下了鞋子和袜子。我没有逼着他穿上鞋袜，而是让他自己光着脚走进冰天雪地。没过两秒，他就对我说："妈妈，我要穿鞋。"

这是已知的最有效的惩罚措施。

拿走玩具：通过消除有利刺激进行惩罚

第二种惩罚是拿走孩子喜欢的东西，即通过消除有利刺激进行惩罚。比如，你儿子打了妹妹，所以你不让他参加生日聚会以示惩戒，也可以禁止他外出玩耍（把罪犯投入监狱，剥夺其自由的做法也属于此类惩罚）。有个母亲用这个办法来调教儿子：

> 我 22 个月大的儿子在吃晚饭的时候又耍无赖了，因为他不喜欢我烧的菜。我让他到一边待着，哭好了再回来。结果没过两分钟，他就消停了。我把他叫了回来，他竟然乖乖吃饭了。这可是破天荒头一遭，就连肉饼上的土豆泥他都吃得干干净净。我终于拿下一局，太棒了！

只要使用得当，任何一种惩罚都能持久改变孩子的行为。你在进行惩罚的时候必须注意下面几点，因为惩罚措施本身是有局限的：

- 虽然惩罚能够抑制不良行为，却不能根除孩子大脑中的行为范本。

- 惩罚本身不具有教育意义，所以你必须在进行惩罚的同时对孩子进行正向教育，让他们知道什么才是应该做的。
- 惩罚总是会唤起孩子的负向情绪，例如恐惧和愤怒，而这些情绪会恶化你和孩子之间的关系，甚至会造成比不良行为本身更严重的问题。所以，如果惩罚不当的话，你很可能会赔了夫人又折兵。

什么样的惩罚是无效的呢？1979年摄制的电影《克莱默夫妇》或许会告诉你答案，它探讨的是父母离异对孩子造成的影响。达斯汀·霍夫曼扮演一个对孩子漠不关心的工作狂爸爸，他一点儿也不懂得如何教育孩子。

电影一开场就是克莱默父子在厨房里的戏。小男孩拒绝吃饭，他要吃巧克力冰激凌。“在吃完饭之前，你什么冰激凌都别想吃。”父亲警告说。儿子就像什么都没听见一样，自己搬来一把椅子去开冰箱门。“你最好别这么干！”父亲厉声说道。儿子还是打开了冰箱。“你最好就此罢手，听到我的警告没有？”儿子把冰激凌搬到了桌子上，对父亲视而不见。“嘿！你听见我说的话了吗？我再警告你一次，如果你敢尝一口冰激凌，那么你的麻烦可就大了！”儿子舀了一勺冰激凌，随后注视着父亲。“你敢！你要是敢把冰激凌送进嘴里，你可就惨了！”儿子把小嘴张得老大。“你要再继续的话看我怎么收拾你！”儿子把冰激凌塞进嘴里，于是父亲一把抓起儿子，把他扔进了卧室。“我恨你！”儿子叫道。父亲也喊道：“我也恨你！你这个小混蛋！”他随手把门重重地关上。

总能保持冷静的人并不多，所以我们最好看一看让惩罚变得更有效的要点有哪些。

惩罚必须够分量

惩罚必须够分量。这并不意味着你要虐待孩子，但也不能在进行惩罚的时候掺水，你使用的刺激必须是孩子真正厌恶的。

对错有别

惩罚必须具有一贯性，孩子每次违规时都必须受到惩罚。这就是滚烫的火炉能够迅速改变行为的原因，因为手指每次触碰到它的时候都会被烫伤。所以，惩罚也是一样，你越是法外施恩，孩子的不良行为就越难根除。这是下面这条大脑规则的基础：对就是对，错就是错。此外，照顾孩子的人也必须统一口径：无论是孩子的父母、祖父母、保姆，还是其他长辈，都要执行相同的规则和惩罚尺度。

惩罚自然是令人厌恶的，谁都想逃避惩罚，而且孩子又特别善于钻空子。如果你想培养孩子的道德感，就不能让他们在长辈之间挑拨离间，长辈自己也不能忙着互相干仗，否则孩子就作壁上观，“逍遥法外”了。

惩罚要迅速

如果你每次教鸽子啄杆子的时候都延迟奖励 10 秒钟，那么就算是花上一整天时间也无法教会它们怎么做；但是，如果你把延迟时间缩短到 1 秒，那么鸽子就能在 15 分钟内学会这个动作。虽然人脑和鸽子的大脑不同，但是在人类面对惩罚或奖励的时候，延迟产生的效果是相似的：惩罚越是及时，学习效果就越好。研究者已经在现实环境中证实了这一结论。

必须让孩子有安全感

即便是在进行惩罚的时候，你也必须让孩子觉得自己是安全的，唯有这样，惩罚才会发挥最大效能。人类进化出的安全需要非常强大，就算父母在实施惩罚，也应该让孩子拥有一种安全感，觉得父母是真的关心他们，如果孩子没有安全感，那么上述三大要点都是无用的，惩罚甚至会给孩子造成心理伤害。

玩具实验

我们是怎么知道这些要点的呢？上述指导原则大多来自一系列名叫“禁用玩具”（Forbidden Toy）的实验，其主要设计者是罗斯·帕克（Ross Parke）。如果你女儿参加了这项实验，那么她将经历这样一些事情：

在一个房间里，你女儿和一个研究者待在一起，她身边还有两个玩具：一个玩具非常诱人，她恨不得立刻把它抱在怀里；而另一个非常丑陋，她碰都不会碰一下。当孩子伸手拿那个诱人的玩具时，令人厌恶的高分贝蜂鸣声会立刻响起；当她再次尝试的时候，相同的噪声又随之响起。在一些实验中，等噪声过后，研究者还会严肃地告诫孩子不要碰那个诱人的玩具。但是，如果孩子触碰到那个丑陋的玩具，则蜂鸣声不会响起。孩子很快就了解到游戏的规则：那个诱人的玩具是不能碰的。

研究者离开了房间，但实验还未结束，摄像机会记录下孩子的一举一动。接下来孩子会怎么做呢？帕克发现，孩子是否守规矩取决于许多因素。实验者操控了许多变量，其中包括孩子触摸玩具和噪声响起之间的时间间隔、在场研究人员是否权威、孩子对噪声的厌恶程度以及玩具的吸引力等。总之，研究人员借助这一实验模式检验了几百个变量，并最终发现惩罚的严重性、一贯性、时机和情感安全性，也就是我们刚才提到的这些要点最为重要。

解释规则

有什么简单的方法能让惩罚变得更加有效、持久，并且能让孩子把道德准则进一步内化呢？接下来就让我们来看看支撑道德意识的第三条腿。帕克发现这一点儿也不难，你只需对规则稍加解释就行了。让我们来看下面两句话的区别。

- 不做解释：
  “不要碰那条狗，不然我把你关起来。”
- 进行解释：
  “不要碰那条狗，不然我把你关起来。那条狗脾气不好，我怕你会被咬到。”

你觉得这两句警告哪句效果会更好呢？大多数人会选择后者。帕克用实验数据告诉我们，当我们跟孩子解释某项规则的时候，他们听从劝告的比例就会大幅上升。你可以向孩子说明为何要制定这样的规则，违规后果为何会是这样（此方法同样适用于成年人），在孩子违规之后你也可以使用这一方法进行训导。例如你的孩子在戏院里大喊大叫，除了惩罚他以外，你还要向他解释：其他观众会因为他的吵闹而无法安心看戏，而且他还要向周围的观众进行道歉。

科学家将此称为“诱导式规劝”，培养出有道德感孩子的父母常常会使用这个方法。假如一个名叫阿伦的小男孩在考试前偷了同学吉米的一支铅笔，父母得知这一情况后罚他晚饭不能吃甜点，并且对他进行了解释，比如“吉米没有铅笔就无法参加考试了”，或“我们家的人从来不偷别人东西”。

如果他的父母能够坚持这么做，那么阿伦的行为就会发生如下变化：

1. 在阿伦将来准备犯相同错误的时候，他会记得以前受过的惩罚。他的生理状态会变得紧张，让他感到不舒服。
2. 阿伦会对这种让人感到不适的生理唤起进行内部归因，他可能会说“如果吉米没考好的话我会感到内疚”，或“我不希望相同的情况发生在自己身上"，或"我可以做得更好"等。孩子之所以会进行内部归因就是因为你在矫正其行为时说明了原因。

3. 在弄清自己紧张的原因后，想要避免这种不适感觉的阿伦会将自己得出的教训推延到其他情况。他会说"我也不应该拿吉米的橡皮"，或是"也许我就不应该偷东西"。

诱导式规劝让上百万少年犯迷途知返，并受到了专业劳教人士的一致好评。这种训导方式也能让孩子具备适应性的、与天生本能一致的内化道德感（阿伦还在父母的指导下写了一封道歉信）。

如果父母一味惩罚犯错的孩子，却不说明原因，那么孩子就不会经历上述变化。帕克发现，这些孩子只是对自己感知到的情况进行外部归因，他们会说，"如果我再这么做的话就会被打"，他们永远都在观察周围是否存在掌握惩罚大权的人，引导他们行为的是外界的可信威胁，而非装满了伦理道德的良心。做不到第二步的孩子也做不到第三步，而且他们更有可能变成丹尼尔，也就是那个用铅笔戳穿同学脸颊的孩子。

所以，大家一定要牢记：**如果父母制定并坚决执行清晰、一贯的规则，并向孩子进行详细解释，那么孩子就更有可能具备良好的道德感。**

请注意，我只是说"有可能"。虽然诱导式规劝很强大，但它不是万灵丹。孩子的气质也是非常重要的影响因素：对于那些无所畏惧、极为冲动的孩子来说，诱导式规劝可能还不够给力；而生性胆小的孩子在面对相同的规劝时可能会被吓坏，他们需要更加温柔的训导方式。

虽然每个孩子都要接受道德教育，但他们的大脑存在巨大差异，所以你需要了解自己孩子的情感世界，并根据实际情况对教育方法进行调整。

应该打孩子吗

没有什么比“是否应该打孩子”这个问题更让人纠结的了。许多国家禁止父母打孩子，美国则没有禁止。有 2/3 的美国人接受这种做法，有 94% 的美国人在孩子 4 岁前打过他们。总体来说，打孩子属于惩罚类别的教育手段。

许多科学家一直致力于评估这项教育手段的有效性，却得出了模糊，甚至相反的结论。美国心理协会（American Psychological Association）资助了一些儿童发展专家，他们对相关文献进行了为期 5 年的综合评估，该委员会得出的结论为：不能打孩子。他们发现：与其他惩罚措施相比，这种做法会制造更多行为问题，会使孩子变得更具攻击性，更加抑郁、焦虑，还会导致孩子的智商水平下降。杜兰大学（Tulane University）公共卫生学院的凯瑟琳·泰勒（Catherine Taylor）于 2010 年发表的一项研究成果证实了上述结论。凯瑟琳发现，**如果一个 3 岁儿童每月被打两次以上，等他长到 5 岁时，所具有的攻击性可能比其他孩子高出 50%。**即使在控制了一些重要变量后，这一结论依然成立，受控因素包括孩子本身具有的攻击倾向，母亲的抑郁、酗酒和吸毒程度以及家暴情况。

在网络上，我们则发现许多父母不赞同上述结论。“这些只是相关性研究！”有人这么说（他说的没错）。“并非所有专家都反对打孩子。”还有人这么说（他也没说错）。“没有人能研究清楚家庭环境和打孩子之间的交互作用。”换言之，有的父母很有爱心，循循善诱；有的则非常冷漠，不和孩子讲道理。同样是打孩子，在不同的家庭背景中是否会产生不同效果呢？父母的意图是否会产生影响呢？对专家组得出的结论提出的此类质疑还有很多。许多人越来越担心现在的孩子被管得太松了，而如今父母也越来越害怕对孩子严加管教。

我认为这些担忧不是没有道理的，但我仍不赞成打孩子。在孩子的大脑中，主要的冲突发生在延迟模仿本能和道德感内化倾向之间。打孩子的方式过于暴力，更容易增强前者，而非后者。

研究者穆雷·斯特劳斯（Murray Straus）在接受《科学美国人》心理分刊（*Scientific American Mind*）采访的时候提到：打孩子和行为问题之间的相关性，比摄入铅和低智商之间的相关性更强，也比吸二手烟和癌症之间的相关性更强。实际上，很少有人对后面两种相关性进行质疑，有人甚至在与健康相关的案件中因为这些相关性而胜诉。那么，为什么在打孩子这个问题上会出现那么多争议呢？这是个好问题。

很显然，诱导式规劝做起来不容易，但打孩子却很简单。所以，在我看来，打孩子反映出的是父母的懒惰。至少我和妻子不会这么做。

最适合孩子的教育风格

几年前，一些研究者决定听取孩子对父母教育风格的意见，研究对象包括各个年龄段的孩子，其中最小的还在上幼儿园，最大的已经上高中了。科学家使用复杂的调查方式研究孩子认为有效的教育风格都有哪些，这些方式非常巧妙：研究对象先听一段其他孩子调皮捣蛋的故事，然后研究者会让他们说说父母应该怎么应对，孩子们要对一系列训导手段的有效性进行评估。

这项研究得出的结果很有指导意义：诱导式教养风格遥遥领先，排名第二的是切实的惩罚。哪种手段排名垫底呢？答案是冷漠和放纵的教育风格。综上所述，孩子们认为最有效的教育风格是定期显示父母权威的诱导式教育。孩子们喜欢什么教育风格部分取决于其年龄：4 ～ 9 岁儿童最恨放任型教育风格，即使父母没有对自己漠不关心；而 18 岁的青少年则不这么认为。

我们已经了解应该如何培养有道德感的孩子。如果父母在训导的时候能给孩子安全感，并向他们解释自己的理由，那么孩子会认为他们是公平的，有道理的，而不会觉得父母善变和独裁。这些孩子更有可能遵从而非冒犯父母。还记得鲍姆林德提出的，既**温暖又有约束性的权威型教育风格**吗？这是统计数据显示的**唯一能够培养出最聪明、最幸福，也最有道德的孩子的教育风格。**

温馨回顾

- 孩子天生具有道德观。
- 大脑内处理情绪和引导决策的区域互相协作，共同协调道德意识。
- 道德感需要花长时间培养，而且需要特定的引导方式。
- 父母应该为孩子制定现实、清晰的规则，在执行的时候要做到迅速一贯，同时还要对孩子的良好行为进行表扬。
- 父母就规则及后果对孩子进行解释，最有可能内化他们的道德感。

送给父母的箴言

我在本书中介绍了很多将研究成果应用到现实中去的实践方法。在这里，我把它们汇总起来。此外，我还要和大家分享一些我自己的育儿经验。当然，这并不意味着我的经验对你一定有用。

怀孕

先让胎儿清静会儿

对于想让胎儿大脑健康发育的孕妇来说，神经科学能够给出的最佳建议就是在孕期的前半段不要打扰肚子里的孩子。你不必对着肚子说法语，也不用播放莫扎特的音乐。孕早期，胎儿的听觉中枢尚未和耳朵建立连接。胎儿脑内的神经元正在忙着自动复制和互联，你只要找一个安静的，便于呕吐的地方就行了。此外，请遵医嘱服用定量叶酸以防止胎儿发生神经管缺陷。

每天多摄入 300 卡热量

孕妇体重增加是正常的，准妈妈应该做好充分的思想准备。如果孕妇营养不良，那么生下的孩子也会营养不良，他们的个头也会比较小。大脑的重量与智力也存在着一定的关系，因此大多数孕妇需要每天多摄入 300 卡热量。医生会告诉你确切数字以及增加饮食的速度。

多吃水果、蔬菜

孕妇应该均衡饮食，多吃水果、蔬菜。这虽然是老生常谈，却依然有效。在人类漫长的进化史中，环境让我们的祖先形成了这样的饮食习惯。除了叶酸以外，儿科医生还会建议孕妇多吃富含铁、碘、维生素 B_{12} 和 Ω-3 脂肪酸的食物。

不知道大家是否还记得那个有关胎儿嗅觉的实验：如果母亲在怀孕时经常喝胡萝卜汁，那么孩子在出生后也会偏好胡萝卜汁。虽然此类发现还需要更多研究进行证实，但是如果你在怀孕的时候经常吃水果和蔬菜，那么孩子出生后或许也会爱上水果和蔬菜，至少不会讨厌它们。

每天坚持 30 分钟有氧锻炼

在我妻子怀孕的时候，我经常陪她长距离步行。直到今天，我们还时常重走老路，一起重温那些美好的时光。

锻炼有助于减轻压力，可以让“麻烦制造者”糖皮质激素远离母亲和婴儿的脆弱神经元，产生许多对大脑有益的化学物质，而且还能降低抑郁和焦虑发生的风险。不过，你应该首先咨询医生，只有医生清楚你是否可以锻炼以及相关的运动量，孕期不同阶段的适宜运动量是不同的。

减少生活中的压力

怀孕是一大挑战，身体要做好各种应战准备。但是，过重的压力会对你和孩子造成损害。因为过量皮质醇会损害胎儿正在发育的神经元，干扰胎儿大脑的正常发育。所以，为了自己，也为了孩子，你应该尽量减少各种有害的压力。

列出你觉得无法掌控的领域

请列出所有一直困扰你的事情，并在其中标出无法掌控的部分。有害的压力源自无助感，它们才是你的敌人。

夺回控制权

夺回控制权或许意味着离开那些你无法掌控的情境。如果你办不到，那么就好好动脑筋想一想如何减少来自这些领域的压力。有氧运动是必不可少的，你还能在网上找到更多减少压力的有效技巧。

男人们，请珍爱有孕在身的妻子

丈夫要把怀孕的妻子当作女王一样伺候。请把家务活揽下，给妻子送花，多多关心她的心情。这些举动是做父亲的送给孩子的一份大礼，因为孕妇的一大压力源就是夫妻关系。如果丈夫能为妻子提供坚强后盾，那么妻子就可以少操心很多事情，轻松愉快地度过孕期。

人际关系

重建你的人际圈子

从人类进化的角度来看，婴儿不应该在孤立的家庭中出生和成长。心理学家露丝·乔塞尔森（Ruth Josselson）认为，对刚生完孩子的女性来说，建立和维持积极互动的社交部落是非常重要的。而现代生活给我们制造了两大难题：① 大多数人并不生活在部落之中；② 人们的流动性太大，以至于大多数人远离自己的亲人，远离这个最自然的人类部落。许多父母得不到亲友的支持，无论是洗澡、睡觉还是外出的时候都没人帮他们带孩子。

解决方法显而易见：利用一切可以使用的手段重建富有活力的社交结构。

在孩子出生前你就要动手。有很多选项供你借鉴：你可以参加提供社会支持的正式组织；也可以自己在家里多举办一些聚会；还可以和其他就要生孩子的夫妇出游。此外，你还可以把朋友召集起来一起制作冷冻方便餐食。对任何一对即将迎来孩子的夫妻来说，为他们准备 50 天的干粮是一份大礼。待孩子出生后，你可以再制作 50 天的冷冻方便食品。

经营婚姻

即便你拥有幸福的婚姻，而且还有一大帮好朋友，这也不能保证一切在孩子出生后依然照旧。所以，你应该未雨绸缪。

互致问候

一开始，夫妻双方可以练习有意地在早上和下午互致问候。无论是打电话，还是发邮件都行。为什么要每天两次呢？早上的问候能让你了解一整天的基调，而下午的问候有助于你为晚上做准备。当孩子出生后，夫妻独处的时间就会减少 2/3，这造成了另一种社交隔绝。所以，你应该趁现在还有精力的时候就开始培养这个好习惯，否则等到忙得四脚朝天的时候可就来不及了。

妥善安排性生活

是的，随性而至的肌肤之亲会让人感到非常愉悦。但问题是，一旦有了孩子，你们就没那么多空间随性了。夫妻性生活的频率会随着孩子的降生大幅下降，这无疑会破坏夫妻之间的感情。所以，小夫妻必须学会有意安排适量的性生活以抵御孩子给夫妻生活带来的不利影响。此外，这么做也能让双方做好心理准备，充分酝酿感情。所以，无论是随性的，还是事先安排好的性生活都是必要的。

充分理解对方

我研究计划的一个参与者最近接受了有关共情反射的培训。一次，她去超市买东西，忙碌一整天的她在结账的时候突然发现支票簿里只有票根，没有空白支票了。她随即打电话给丈夫请求支援，但她听到的却是一顿说教：为什么不事先检查支票簿里还有没有支票呢？为什么身边不多带些现金呢？“你不该说这些话，”这位女士反驳道，“而应该说：亲爱的，你听起来很疲惫，心情很糟糕。你之所以打电话给我是因为实在是没有别的办法了，而且工作一整天的你已经精疲力竭。你现在肯定觉得很难堪，只想马上回家。”她把电话拿到面前大声说道：“这才是你该说的，蠢货！”随后便挂断了。

好吧，我想说最后一句话的确有点儿过火，但每个人都需要花不少时间练习如何读懂别人的心思，以及如何准确判断事情的缘由。行为和内心真实想法之间的差距是冲突的一大来源，而共情能够弥合两者之间的裂隙。

主动和解

如果你们在孩子面前吵架，之后就应该有意识地主动在孩子面前和解。这会给孩子树立好榜样，让他们知道将来应该如何正确处理夫妻间的分歧。

共同分担家务

现在就开始共同分担家务吧，夫妻双方都把自己干的家务列出来。如果家务分担存在不平等情况（这是导致夫妻离异的一大原因），那么丈夫就应该主动做出改变。夫妻双方应该一起进行调整，直到双方都满意为止。商量好的结果要立即执行，因为等孩子出世后，你们就会睡眠不足，交流不够，而且火气很大。所以，大家必须未雨绸缪。实证研究数据显示，夫妻性生活也会因为提前的准备而得到改善。这可不是开玩笑，真的有人对此进行过研究。

直面问题的症结

没有一桩婚姻是完美的，但有些的确能够在孩子带来的急风暴雨中更好地生存下来。你们了解自己的婚姻状况吗？婚姻干预计划会告诉你答案。美国最著名的两项此类计划是由菲利普·考恩（Philip Cowan）和卡罗琳·考恩（Carolyn Cowan）夫妇以及约翰·戈特曼和朱莉·戈特曼（Julie Gottman）夫妇开发的，他们的网站上有各种诊断工具和实践技巧，上面还列出了他们撰写的书籍。你也可以在网上报名参加相关培训。

现在就找心理专家

讲到医生，大多数父母首先会想到的是儿科医生，我建议大家也为自己和孩子找一个可以负担起的，能够为你们解决问题的心理医生。之所以这么做有很多理由。首先大多数儿科医生没有接受过解决心理健康问题的高级训练，此外还有以下 3 个原因。

许多孩子都会碰到心理问题，我说的不只是像孤独症或注意力缺陷障碍这样的问题。从心智障碍到思维障碍，任何心理健康问题开始发生的平均年龄是 14 岁。

延误是最大的敌人。心理健康问题越早发现就越容易治疗，但是找到一个适合你们家庭的心理健康专家需要一些时间，所以大家最好从现在就开始寻找。我知道，对一些人来说，这些建议没什么用处；但对另一些人来说，听取这些建议可能会改变他们孩子的人生。

每 5 个刚生完孩子的妈妈中就有 1 个患了抑郁症，因此拥有一个专业心理医生就如同购买了一份保险。如果问题没有发生，那么你不需要去咨询；但万一出了问题，你能很快知道应该去哪里寻求帮助。

聪明的孩子

母乳喂养

母乳喂养的时间越长越好，你会得到一个更加聪明、健康和幸福的孩子。母乳喂养是众所周知的、最现实且最有益于孩子大脑发育的举措。相关的益处已经得到了许多研究的证实，非常可靠。

语言交流

和孩子多说话，这很简单。你可以一边看着窗外一边对孩子说：“今天多美好啊！”你只要尽量开口就行了。在面对婴儿的时候，你要提高音调，并用拖长音的夸张方式说话。每小时 2 100 字是理想标准。

创造“巧克力工厂”

孩子的游戏室可以多种多样，但它们必须满足一个要求：为孩子提供充分的选择。孩子在那里可以画画，弹奏乐器，扮演不同的角色，还可以搭积木，看图画书，玩各种玩具。总之，父母要为孩子创造可以让他们的想象力自由驰骋的安全空间。你看过《查理和巧克力工厂》这部电影吗？看过的人一定会被影片中的奇异世界所吸引：那里的树、草以及瀑布都以非常新奇的造型呈现在你眼前，这绝对是一个非线性的，且值得探索的有趣世界。我想表达的就是这个意思。我之所以关注艺术熏陶，是因为这能让孩子更善于抵御干扰，并集中精力，这样他们就能在流体智力测试中表现更佳。

我和妻子在家里为孩子创造了 60 平方米的开放式游戏空间，孩子可以在那里进行我提到的各种活动。我还为孩子准备了数学和科学工作站，并购买了玩具显微镜。游戏室的布置会定期变换，最终，我们将这块地方变成了孩子的教室。

反向游戏

当孩子长到 3 岁大的时候，我就开始通过一些游戏来提高他们的执行功能，这些游戏主要是基于阿黛尔 · 戴蒙德（Adele Diamond）的经典研究。我会宣布某一天是“反向日”：当我拿起一张描绘星空的图片时，孩子们要说“白天”；如果我拿出的图片上画着蓝天和太阳，孩子们就要说“夜晚”。我会加速更换图片以测试他们的反应速度。

孩子们在做这个游戏的时候非常开心，我们常常笑得前仰后合。

我为大儿子设计了一个动作版反向游戏，当时他 4 岁，是个天生的鼓手，我们每人手握一个盘子和一个汤勺。游戏规则是这样的：如果我用勺子敲击盘子 1 下，那么儿子要敲 2 下；如果我敲 2 下，那么儿子要敲 3 下或 1 下（我经常改变规则）。

这两个游戏都是为了达到以下目的：① 给孩子制定游戏规则；② 帮助他们在面对这些别扭的游戏规则时，做出与自然反应相反的举动——也就是锻炼其执行功能。我家的巧克力工厂专门设置了反向游戏区。类似的游戏还有许多，你可以在埃伦·加林斯基（Ellen Galinsky）撰写的《塑造中的心智》（*Mind in the Making*）一书中找到 20 多个相关游戏。

制订游戏计划

读者还可以看看心智工具是否符合你和孩子的口味。我家是这么操作的：我的儿子或许会考虑搭建一个建筑工地（他们很喜欢看一部描述各种建筑机械的录像，这部录像他们百看不厌。直到现在，我们还时常回看这部片子以怀念那些美好的时光）。我和儿子会坐下来，一起商量建筑工地里都应该有些什么，工地搭好后我们要干什么，以及应该如何高效清理场地。我们的想象力没有边界，但目标却非常明确。随后，孩子们便开始动手。

切勿过度培养

我们刚才谈到的游戏室和游戏不会给孩子造成压力，它们都是开放的，这并不是巧合。孩子的情绪绷得越紧，冲击他们大脑的压力激素就越多，他们就越不可能获得高水平的智力。你应该教会孩子集中精力，然后让他们徜徉在“巧克力工厂”里，把他们的天赋充分发挥出来。请注意，我根本就没提到让孩子在 3 岁时就学中文、代数以及阅读卢梭的大作。

以身作则

父母往往喜欢通过发号施令来教育孩子，比如对孩子说“跟我来”，“远离陌生人”，或“吃掉你的西蓝花”。但这并不是孩子向父母学习的唯一方式，而且也未必是最有效的方式。他们还会通过观察进行学习，孩子们会像老鹰一样盯住你。为了做到以身作则，你需要分三步走：

第一步：列出所有你经常做的事和经常说的话。你经常笑吗？经常说粗话吗？经常锻炼身体吗？你很容易哭吗？脾气非常暴躁吗？经常上网吗？你要将自己的言行一一列出。让你的另一半也这么做，然后两个人进行比较。

第二步：对列出的言行进行评估。其中一些言行可能会让你感到骄傲，而另一些则会让你汗颜。无论好与坏，这些行为都会进入你孩子的视野；无论你愿不愿意，孩子都会模仿它们。你必须选出希望被孩子模仿的行为，并在这些选项上画圈：然后再选出不希望孩子模仿的行为，并在上面画叉。

第三步：根据评估后的列表行事。经常做那些你希望孩子模仿的行为，例如经常告诉另一半自己有多爱对方；对于那些不良行为，你要制订矫正计划，比如下决心少看电视。这些事情说简单也简单，说难也难。

表扬孩子付出的努力

你要习惯于对孩子付出的努力，而不是他们的小聪明进行表扬。

你可以先从自己的配偶或朋友练起：如果他们表现不错，你就夸对方花了不少精力，而不是夸对方太聪明。如果父母经常赞扬孩子的努力，那么在碰到失败时，孩子就会变得更加努力。

限制数码娱乐时间

掌握数码技能对孩子来说的确是非常重要的，但数码设备对他们的发展也会构成不小威胁。为此，我和妻子在儿子们上幼儿园后给他们制定了一些规则：首先，我们将数码时间进行分类。一类对学习和掌握计算机技术来说是必须的，如文字处理、图形处理、资料搜集、计算机编程等，花在这些活动上的合理时间我们不会加以限制。

另一类则用在娱乐上，如玩电子游戏、上网等。我们一般禁止孩子把时间花在这类活动上，不过他们可以购买一些游戏时间。用什么来买呢？他们必须用读书的时间来换。他们每读一小时书就能赢得一定数量的数码娱乐时间。这些时间可以累积，每到周末，孩子只要做完作业就能利用本周攒下来的游戏时间。至少在我家这个办法是有用的。孩子们因此养成了阅读的好习惯，他们既掌握了与计算机有关的技能，又品尝到了数码娱乐带来的快乐，而且不会玩物丧志。

幸福的孩子

探索孩子的情绪世界

大多数孩子在一定时间内接受刺激的数量都有一个极限，你要注意表征孩子信息超载的各种信号，例如孩子把头转向一边或尖叫，将它们列出来。随后，你就要根据这些信息适时调整与孩子的互动，在他们信息超载的时候稍作休息。

你要不断跟踪孩子的情绪世界，并写下他们喜欢和厌恶的东西。随着孩子情绪反应的发展，你也要及时更新上述列表。这种做法会让你养成时刻关注孩子的好习惯，并为你提供觉察他们行为变化的标杆。

鼓励孩子多交朋友

学会交朋友需要多年练习。经常和其他孩子打交道的小孩会碰到各种性格的人，他们有的天真，有的自私，还有的欲望多多，所以你要给孩子多安排和同龄人一同玩耍的机会。当然，你还应该让孩子接触不同类别、不同年龄的人，但要注意孩子的承受能力，并根据他们的气质特点安排合适的活动。

换位思考

在平日生活中，你要尽量帮助孩子推测别人的想法。比如，在杂货店结账的时候，你可以问问孩子为什么排在后面的那个人那么不耐烦；而在街边散步的时候，你也可以让孩子说说为何这个打电话的陌生人笑得那么开心。这是锻炼换位思考能力的好办法，而这种能力恰恰是共情力的基础。

阅读时间

我家有这么一个传统：每天熄灯前，全家人会换上睡衣，我把孩子抱在怀里，妻子会拿出一本书，大声朗读半小时。虽然孩子一天天长大，已经不太适合抱在怀里了，但这个传统依然延续着。在这个过程中，孩子能接触到更多词汇，而家人之间的感情也会变得更加深厚。此外，我们也可以暂时忘却自己的烦恼，步入书中的不同世界。

理解孩子

如果孩子大哭大闹或耍无赖，父母首先要做的是理解他们的情绪：

1. 判断孩子正在经历何种情绪，并将其描述出来。

2. 推测孩子出现某种情绪的原因。

请记住，理解他人的情绪并不等于赞同对方的情绪，这只是一种开放的反应模式，特别是在对方情绪激烈的时候。如果你希望自己的孩子具有共情力，那么就必须经常跟孩子共情，为他们树立好榜样。

确定你自己的元情绪哲学

你对情绪的态度是什么呢？在戈特曼撰写的《如何培养高情商的孩子》（*Raising an Emotionally Intelligent Child: The Heart of Parenting*）一书中就有能帮助你解答这个问题的测试。此外，你还可以参考《儿童心理学手册》（*Handbook of Child Psychology*）第 4 卷。在麦科比（E. E. Maccoby）和马丁（J. A. Martin）撰写的“家庭背景下的社会化：父母与孩子的互动”一章中也有相关测试。

说出你的感受

你可以自己练习，也可以找爱人和朋友练习。在体验强烈情绪的时候，请把它大声说出来。这种做法能让你更好地调控自己的情绪生活，提高情绪的自我调节能力，而且还能为孩子树立好榜样。一次，我怎么都打不开一罐泡菜，4 岁的儿子走了进来，看着我说：“爸爸，你看起来很抓狂，是这样吗？”“是啊，”我答道，“我打不开这个讨厌的泡菜罐。”后来，儿子在搭乐高积木时怎么也拼不成一个模型。“儿子，你看起来很生气，是吗？”我问道。他看着我说：“是啊，我很生气，这就是我的泡菜罐！”

如果孩子身边的人都勇于表达出自己的内心感受，那么他们也比较容易这么做。当孩子步入青春期后，这一点会变得弥足珍贵。

音乐熏陶

弹奏乐器也好，唱歌也罢，总之你要想办法让孩子爱上音乐。研究发现，长期接触音乐能够大幅提高孩子对他人情绪的感知能力，这对于孩子能否与他人建立和维持深厚的友谊是至关重要的。

金钱不等于快乐

研究显示，年薪达到 6 位数或 7 位数的人并没有比挣 5 位数年薪的人开心很多。以 2010 年的美元为基准，这一界限是年薪 5 万美元。

有道德的孩子

CAP 规则

就培养孩子的道德感来说，这些用“CAP”概括的规则最为有效。

“C”代表清晰（clarity）。为孩子制定的规则必须清晰合理，你最好把它们写下来，制作家务分配图表就是一个范例。许多父母往往在有情绪的时候抛出某条规则，例如“从现在起，每天在 8 点上床睡觉”，但在情绪平复后，一切照旧。

所以，你应该把重要的规则写下来，并且贴在大家都看得到的地方。这些成文的规矩既能成为大家行动的准则，又能给我们带来很多欢乐——看过《哈利 · 波特》的人都知道多洛雷斯 · 乌姆里奇的规矩是多么有趣。

“A”代表接纳（accepting）。在进行训导的时候，你要怀着一颗接纳孩子的心，要让他们觉得安全，感受到父母的关心。

“P”代表表扬（praise）。每当孩子遵守规则的时候就要通过表扬进行强化。对于不良行为的缺失，例如孩子在饭店里没有大喊大叫，也要进行表扬。

解释规则背后的道理

要向孩子说明你为何要制定这些规则，这样，孩子就能把在特定情境中总结出来的教训推广到其他情境中，这能促使他们内化道德原则。如果他们只是因为害怕惩罚而遵守规则，那么其道德发展只能停留在初级阶段。

进行有效的惩罚

我们可以用“FIRST”来概括有效惩罚所具备的特点：

“F”代表切实（firm）。惩罚必须有分量，必须是孩子真正厌恶的事物。

“I”代表即刻（immediate）。惩罚越迅速，效果就越好。

“R”代表可靠（reliable）。规则的执行必须具有一贯性，否则规则就会成为一纸空文，孩子会变得更加放纵。

“S”代表安全（safe）。在执行规则的时候，你必须给孩子安全感。没有安全感的孩子很难内化道德原则。

“T”代表忍耐（tolerant）。父母要有耐心，孩子很少能通过一次教训就建立是非观念，这是一个漫长的过程。

记录自己的教育行为

大多数父母会用摄像机记录孩子的成长经历。现在的孩子很可能是拥有最多影像记录的一代人，我们为何不拍摄一下教育子女的场景呢？越是在碰到教育难点的时候就越应该记录。你可以和配偶轮流拍摄，并努力分析自己做得对不对。这个方法能让你判断出自己是不是一个称职的父母。

享受抚养子女的美妙之旅

你会发现自己付出的一切都是值得的！

后记

幸福，就是与孩子一起成长

完美的父母是什么样的呢？他们很可能既不像你，也不像我。完美的母亲只要想怀孩子就能立刻怀上，并且马上辞掉工作回家养着。虽然在接下来的12周里她时常恶心，但之后就会感觉良好。她没有情绪波动，也不长痔疮，更不会令人尴尬地小便失禁，还毫无压力地监督工人把地下室重新装修成家庭版“心智工具”教室。完美的父亲每天下班后都会给妻子一个激情四射的热吻，还会充满爱意地询问妻子过得好不好，然后便一头扎进厨房准备晚餐。待孩子出生后，完美的母亲按需进行母乳喂养，而孩子也从不咬母亲的乳头，他很快就学会了规律作息。

这个神奇的孩子在2岁时学会手语，3岁时会弹钢琴，4岁时会说中文，5岁时就能说出自己的各种情绪体验，他公开鄙视炸薯条和烤鸡块。而富有共情力的父母有许多同样富有共情力的朋友，他们常常带着同样出色的儿女前来拜访。无论是在幼儿园里还是在家里，孩子付出的努力总会得到表扬。父母制定的规则也得到了一贯而坚决的执行，而且他们也向孩子说清楚了制定规则的理由。孩子就这样茁壮成长，最终成为领袖。

或许这只是一个白日梦。

完全符合本书各项建议的家庭只存在于我们的幻想之中，而现实生活中的父母时而精疲力竭，时而爱心四溢，时而又欢声笑语。养育子女之路充满了变数。我的妻子很喜欢喜剧演员卡罗尔·伯内特（Carol Burnett）调侃分娩之痛时的一句话："生孩子没什么难的，顶多就像拉扯下嘴唇，然后用它包住整个头一样。"等孩子出生后你会更加忙碌，这些捣蛋鬼总是会做出一些让你抓狂的事情来。

与数据的单调两维世界相比，父母的真实世界更加丰富，更加美妙。连环画《宝贝布鲁斯》（*Baby Blues*）里的年轻父亲说："只有在生下孩子之前我才觉得自己能够成为合格的父亲。"很多人对此可能会有同感。我们如何将死板的研究数据运用到活生生的现实生活中呢？答案就是进行简化。本书有两大主题，这两大主题协同发挥着作用，充分理解它们或许是掌握本书大量信息的最佳方法。

共情的力量

第一个主题是共情。共情力是指理解他人动机和行为的能力。下面这个小女孩就具有这种能力：

我有一个还在上幼儿园的小女儿。一天，她说班里有个坏女孩总欺负她。我向她解释说，那个女孩并不坏，只不过是有些嫉妒她罢了。因为之前我女儿做了一个精美的手工艺品，同学们都赞不绝口。

于是，我可爱的女儿又做了一个送给那个女孩，结果，那个孩子开心得不得了！我为女儿的举动感到非常骄傲。

这个孩子的父母要求女儿尽力理解对方的内心世界，这促使女孩做出艰难抉择：暂时摆脱自己的感受，并以对方的视角来看待整个事件。这虽然不是一件容易的事情，却能赋予我们强大的力量。心理推测能力是共情的第一步，只有不断调低自己内心呼喊的音量，你才能听见别人的心声。不过，心理推测能力并不等同于共情，你完全可以利用这种敏锐的洞察力来使唤别人。所以，我们必须给这种能力加上一层仁爱，才能获得真正的共情力，就像下面这个孩子所做的那样：

我的女儿今天太可爱了。当时我老公正在看橄榄球赛，他喜欢的球队触地得分，让他激动不已，他转过身就像球员那样用头顶我以示祝贺。我可没有料到这一出，结果真的被他重重顶了一下。好疼啊！就在老公向我连连道歉的时候，女儿拿着她最喜欢的小毯子和奶嘴来到我身边，她把奶嘴塞到我嘴里，然后让我躺在她的小毯子上。我一下子就感觉好多了！哈哈！

在有关人际关系的章节里，我们探讨了共情对于稳定婚姻关系的重要性，它能让夫妻更好地理解彼此。“你看到的只是你想要看到的”这条大脑规则里就隐含了这个道理。而在有关幸福土壤的章节里，我们又说到了共情在友谊形成过程中扮演着重要角色，是否拥有深厚的友谊是决定孩子未来能否获得幸福的一个关键因素。在有关智力的章节里，我们发现，如果想让孩子善于解读各种面部表情或其他非语言信号，那么就必须和他们多多进行面对面的高质量交流，这些技能让孩子能够准确预测他人行为，并理解他人的想法。尽管孩子在共情方面的天赋存在差异，但共情力还是可以通过练习而得到提高的。土壤会滋养种子，并让它发芽。为此，我们要为孩子提供开放的学习环境，让他们有更多机会互动交流和自由玩耍，而电视、电子游戏或短信却没有这些功效。

共情力具有生理基础，其中就包括镜像神经元，所以我将其写入了大脑规则之中。

理解孩子

如果进入他人内心世界是可能的，那么你一旦进去之后又该关注些什么呢？毕竟人的行为非常复杂，就连最简单的行为科学家都能剖析出 8 个不同的方面，例如前言中那个渴望度假的母亲所展现的那样。那么，最值得注意的是哪个方面呢？这个问题的答案就是本书的第二大主题：你应该把注意力集中在孩子的情绪上。

一个名叫雅各布的 5 岁男孩经历了这样一场噩梦。一天，他和邻居家的孩子一起打棒球，但很早就回到了家。“没人选我。”他悻悻地对母亲说。随后，他便把棒球手套往厨房地板上一扔，转身就朝自己房间走去。雅各布的母亲非常细心。“孩子，你看起来很伤心，是吗？”雅各布顿了顿，愤怒地盯着地板看。“你还很生气，”母亲继续说道，“伤心和愤怒可不好受，是吧，宝贝？”雅各布终于开口了：“我真的气疯了！他们选了格雷格，但他却告诉队友不要选我。”母亲问道：“如果你和格雷格谈一谈会不会有用呢？”“他今天明显很讨厌我，我明天再试试看吧。”母亲用力抱了抱雅各布，随后给他做了一大盘美味的巧克力曲奇。格雷格可没有福气吃到那么好吃的曲奇饼。

在这个例子中，母亲选择密切关注孩子的情绪，她看穿了孩子的心思，并给予充分理解。雅各布因为被玩伴拒绝而难过，母亲对此感同身受，她并不想把这一情绪隐藏起来，也不想消除它或因此发火。这就是优秀父母和一般父母的差别所在。

在有关怀孕和人际关系的章节里，我们发现情绪健康对于胎儿和婴儿的大脑发育都是非常重要的。在有关聪明养分的章节里，我们看到情绪调控能力可以极大地提高孩子的学习成绩：所有这一切都是因为执行功能的行为，例如控制冲动和对未来进行规划的能力会得到相应提高，学习成绩自然也就水涨船高了。情绪不仅能够影响孩子的学习成绩，而且还能预测到他们将来的幸福程度，我们在有关幸福的章节里也谈到了相关理论。因此，幸福的孩子也是聪明的孩子，这听起来似乎有点儿让人感到意外。而在有关道德的章节里，我们发现情绪是人们大多数决策背后的核心，无论是择友，还是进行道德选择皆是如此。综上所述，关注孩子情绪的父母能够让孩子的情绪变得更稳定。

简而言之，你应该经常潜入孩子的内心世界并理解他们的感受。这说起来容易，但做起来可就没有那么简单了。只有秉持这种态度，我们才能教育好孩子。如果你能为孩子制定清晰的规则，同时富有爱心地坚持执行，那么情况会变得更好，一路上你会有很多意想不到的收获。

付出与收获

养育子女会让你得到意外的收获：当你进入孩子的情感世界时，你自己的情感世界也会变得更加丰富。孩子出生不久后，我就发现自己改变了很多，这种状态一直持续到今天。每当我把孩子放在比自己更重要的位置时，尽管有时不太情愿，我都会发现自己学会了更加真心地付出爱。孩子一天天长大，而我却变得越来越有耐心。无论是对学生、同事，还是对爱妻，我都变得更加细心周到，因为我的孩子让我不断练习如何理解别人。此外，我还变得更加关心未来，关心孩子会生活在怎样一个世界里。

我的孩子还很年幼，在我心中他们永远都无比重要。随着孩子的成长，他们带给我的影响也变得越来越大，或许与他们一同成长的还有我自己。我没把养育子女看成是旨在提高自己的举动，但我还是想说，虽然抚养子女看起来非常辛苦，但这份社会契约真的是互惠互利的，父母和孩子的影响的确是双向的。你或许会认为是父母创造了孩子，但实际情况是孩子也重塑了父母。你曾经不也是个孩子吗？而你的孩子也在不断打造着明天的自己。与得到的相比，孩子付出的更多。

一天，我的妻子抱着小儿子哄他睡觉，她充满爱意地对孩子说："噢，诺亚，你捏起来软软的，看起来非常诱人！我真想咬你一口，你实在是太馋人了！"诺亚答道："我知道，妈妈，我真的应该减肥了。"

我们笑得眼泪都流出来了，看着孩子茁壮成长是一件无比美妙的事。在即将分别之际，我希望和所有读者分享这一心得。初为父母者有时可能会觉得孩子只知道索取，但实际上这是另一种隐蔽的付出。虽然孩子病了你要照顾他们，但你得到的却是耐心；虽然他们时不时地又哭又闹，但你得到的却是见证他们成长的宝贵机会。你在不知不觉间又培养出了一个活生生的人，这是多么伟大的荣耀啊！

我说过抚养孩子就是开发大脑，这个目标定得有点儿高，抚养孩子实际上是滋养，并拓展你的心灵。对刚刚迎来小宝贝的父母来说，这本书里没有什么比这一点更加重要的了。

译者后记

当今中国，养育子女是一件让父母们十分纠结的事情。从怀上孩子的那一刻起，父母们就开始为各种问题伤脑筋：要不要穿防辐射服呢？每天应该运动多久呢？要不要给胎儿听莫扎特的曲子呢？孩子降生后，他们纠结的事情就更多了：要不要让孩子报英语学习班？让他学什么乐器好呢？什么样的益智玩具或益智课程有效呢？奥数班该不该参加呢？……

中国人虽然非常节俭，但在教育子女方面可是不惜血本的。不过呢，这么大的人力、财力是否投对了地方可就不好说了。相对而言，中国父母十分重视孩子传统智力的开发，而且培养孩子的目标比较功利。如果对照一下本书的内容，我们就不难发现，中国父母的教育其实并不十分有效。比如，父母给孩子购买的大量益智玩具没什么效果。许多父母宁愿花几万元让幼儿上外语班，也不愿意多花点儿时间把自己的英语学好。要知道，日常生活的对话交流才是学习语言的最佳途径。还有，中国父母常常以考级为目的逼着孩子学音乐，直到孩子学到吐血，对音乐产生厌恶情绪为止。这是多么可怕啊！此外，以爱之名打骂孩子，不讲道理地树立父母权威更是中国式教育的传统理念。而这些都是与前沿研究成果背道而驰的。最要命的是，我们忽视了孩子情绪控制能力和共情力的培养。而作者一再强调，这些能力是孩子智力潜能发挥的前提。总之，父母们值得反思的地方有很多。而本书能为他们提供许多可靠的，且具有实践指导意义的建议。

在本书的翻译过程中，我得到了以下朋友的大力支持，他们是：陈晋、王军、王佩幸、陈仲明、阳跃华、刘国锐。在此，我要对他们表示最衷心的感谢！

未来，属于终身学习者

我们正在亲历前所未有的变革——互联网改变了信息传递的方式，指数级技术快速发展并颠覆商业世界，人工智能正在侵占越来越多的人类领地。

面对这些变化，我们需要问自己：未来需要什么样的人才？

答案是，成为终身学习者。终身学习意味着永不停歇地追求全面的知识结构、强大的逻辑思考能力和敏锐的感知力。这是一种能够在不断变化中随时重建、更新认知体系的能力。阅读，无疑是帮助我们提高这种能力的最佳途径。

在充满不确定性的时代，答案并不总是简单地出现在书本之中。“读万卷书”不仅要亲自阅读、广泛阅读，也需要我们深入探索好书的内部世界，让知识不再局限于书本之中。

湛庐阅读 App：与最聪明的人共同进化

我们现在推出全新的湛庐阅读 App，它将成为您在书本之外，践行终身学习的场所。

- 不用考虑“读什么”。这里汇集了湛庐所有纸质书、电子书、有声书和各种阅读服务。
- 可以学习“怎么读”。我们提供包括课程、精读班和讲书在内的全方位阅读解决方案。
- 谁来领读？您能最先了解到作者、译者、专家等大咖的前沿洞见，他们是高质量思想的源泉。
- 与谁共读？您将加入优秀的读者和终身学习者的行列，他们对阅读和学习具有持久的热情和源源不断的动力。

在湛庐阅读App首页，编辑为您精选了经典书目和优质音视频内容，每天早、中、晚更新，满足您不间断的阅读需求。

【特别专题】【主题书单】【人物特写】等原创专栏，提供专业、深度的解读和选书参考，回应社会议题，是您了解湛庐近千位重要作者思想的独家渠道。

在每本图书的详情页，您将通过深度导读栏目【专家视点】【深度访谈】和【书评】读懂、读透一本好书。

通过这个不设限的学习平台，您在任何时间、任何地点都能获得有价值的思想，并通过阅读实现终身学习。我们邀您共建一个与最聪明的人共同进化的社区，使其成为先进思想交汇的聚集地，这正是我们的使命和价值所在。

图书在版编目（CIP）数据

让孩子的大脑自由 /（美）约翰·梅迪纳著；王佳艺译 . — 杭州：浙江科学技术出版社，2024.1

ISBN 978-7-5739-0940-4

Ⅰ . ①让… Ⅱ . ①约… ②王… Ⅲ . ①儿童—智力开发 Ⅳ . ① G610

中国国家版本馆 CIP 数据核字（2023）第 229176 号

书　　名	**让孩子的大脑自由**
著　　者	[美] 约翰·梅迪纳
译　　者	王佳艺

出版发行	**浙江科学技术出版社**
	地址：杭州市体育场路 347 号　邮政编码：310006
	办公室电话：0571－85176593
	销售部电话：0571－85062597
	E-mail:zkpress@zkpress.com
印　　刷	石家庄继文印刷有限公司

开　　本	710 mm×965 mm　1/16	**印　　张**	16.25
字　　数	220 千字	**插　　页**	1
版　　次	2024 年 1 月第 1 版	**印　　次**	2024 年 1 月第 1 次印刷
书　　号	ISBN 978-7-5739-0940-4	**定　　价**	89.90 元

责任编辑	陈淑阳	**责任美编**	金　晖
责任校对	张　宁	**责任印务**	田　文